# 中国古代甲骨文

张湘江 著

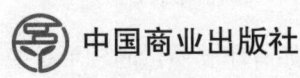

中国商业出版社

图书在版编目（CIP）数据

中国古代甲骨文/张湘江著. -- 北京：中国商业出版社，2022.10

ISBN 978-7-5208-2252-7

Ⅰ.①中… Ⅱ.①张… Ⅲ.①甲骨文—研究 Ⅳ.①K877.14

中国版本图书馆 CIP 数据核字（2022）第 180859 号

责任编辑：管明林

中国商业出版社出版发行

（www.zgsycb.com 100053 北京广安门内报国寺 1 号）
总编室：010-63180647 编辑室：010-83114579
发行部：010-83120835/8286
新华书店经销
三河市吉祥印务有限公司印刷

\*

710 毫米 ×1000 毫米 16 开 13 印张 176 千字
2022 年 10 月第 1 版 2022 年 10 月第 1 次印刷
定价：47.00 元

\*\*\*\*

（如有印装质量问题可更换）

# 前言

　　文字是人类用表义符号记录表达信息以传之久远的方式和工具。现代文字多是记录语言的工具，人类往往先有口头的语言后产生书面的文字，很多小语种，有语言但没有文字。东汉许慎的《〈说文解字〉叙》中有："盖依类象形，故谓之文；其后形声相益，即谓之字。"也就是说，"文"是独体字(包含象形字和指事字)，而"字"是由独体字组合的合体字(包含会意字、形声字、假借字)。中国作为世界文明古国是最早发明文字的国家之一，这种文字就是甲骨文。虽然经过历史的变迁和岁月的沉淀，这种文字从形体上发生了几次变化，从甲骨文到小篆、大篆、隶书、楷书、行书，草书等，但这种文字的根是象形字和指事字，其根本没有改变，反观世界上其他古文字都已中断不用了：①公元前3400年前后由苏美尔人所创的楔形文字，是已知最古老的拼音文字。楔形文字雏形产生，多为图像，公元前3000年前后，楔形文字系统成熟，字形简化具象化。文字数量由青铜时代早期的约1000个，减至青铜时代后期约400个。已被发现的楔形文字多写于泥板上，少数写于石头、金属或蜡板上。书吏使用削尖的芦苇秆或木棒在软泥板上刻写，软泥板经过晒或烤后变得坚硬，不易变形。由于多在泥板上刻画,所以线条笔直形同楔形。楔形文字被许多古代文明用来书写其语言,但这些语言之间并不一定属于关联的语系,字形也随着文明演变,逐渐由多变的象形文字统一固定为音节符号。②距今5000多年前的古埃及象形文字,由法老王那默尔的铠甲关节板上的最早期象形刻记起(公元前3100年),用在教堂内的古埃及文字。古埃及语属于闪语系埃及科普特语族。这个语族最早的语言是古埃及语,就是我们见到的象形文字所记载的语言,到大约4世纪,它演变为科普特语。现在,科普特语还用在宗教仪式上。③玛雅文字是美洲玛雅民族在公元前后创造的象形文字,盛行于5世纪中叶。玛雅人是美洲唯一留下文字记录的民族,玛雅人也是玛雅文明的创造者。玛雅文字是少数迄今为止尚未被全部破译的古代文字之一。玛雅文字非常奇妙,它既有象形,也有会意,也有形声,是一种兼有意形和意音功能的文字,是象形文字和声音的联合体。玛雅雕刻文字既代表一个整体概念,又有各自独特的发音。④甲骨文是中国的一种古老文字,又称为"契文""甲骨卜辞""殷墟文字""龟甲兽骨文",是汉字的早期形式,是中国商朝时期一种成熟文字。甲骨文发现于中国河南省安阳市殷墟,是商朝(约公元前17世纪—公元前11世纪)的文化产物,距今3620多年的历史。甲骨文,具有对称、稳定的格局。具备书写书法的三个要素,即用笔、结字、章法。从字体的数量和结构方式来看,甲骨文已经是发展到了较为严密系统的文字。汉字的"六书"原则,在甲骨文中都有所体现。但是原始图画文字的痕迹还是比较明显。

甲骨文因镌刻、书写于龟甲与兽骨上而得名，为殷商流传之书迹；内容为记载盘庚迁殷至纣王间的卜辞，为最早之书迹。殷商卜辞有三大特色，即信史、饮酒及敬鬼神；也因为如此，这些决定渔捞、捕猎、征伐、农耕等诸多事情的龟甲，才能在后世重见天日，成为研究中国文字重要的历史资料。所记录的内容主要有四项。第一，经过加工和刮磨的龟甲与兽骨，由专门负责的卜官保管。卜官在它们的边缘部位刻写上记述这些甲骨的来源和保管情况的记事文字，称为"记事刻辞"。第二，卜官在占卜时，用燃着的紫荆木柱烧灼钻凿巢槽，使骨质的正面裂出"卜"形状的裂纹，这种裂纹叫作"卜兆"，是据以推断卜问事情吉凶的依据。在时代较早的甲骨卜兆下面，刻写出占卜进行顺序的数字，这种数字也叫作"兆序"。第三，甲骨文的主体部分是卜辞，即占卜活动结束后记录占卜活动进行情况与结果的刻辞，大多刻写在甲骨的正面，也有部分刻写在反面的。第四，以天干（甲、乙、丙、丁、戊、己、庚、辛、壬、癸）和地支（子、丑、寅、卯、辰、巳、午、未、申、酉、戌、亥）相配组成的六十个干支名称的干支表，是我国最早的日历。另外，甲骨文中还有一些当时学习刻写卜辞的人练习刻写的作品，称为"习刻"或"习契"。甲骨文的内容大部分是殷商王室占卜的记录。商朝王室贵族上自国家大事，下至私人生活，如祭祀、气候、收成、征伐、田猎、病患、生育、出门等，无不求神问卜，以得知吉凶祸福决定行止。《礼记·表记》载："殷人尊神，率民以事神，先鬼而后礼。"殷商时期，国王在处理大小事务之前，都要用甲骨进行占卜，祈问鬼神，事后将所问之事契刻于甲骨上。商亡之后，占卜在周代逐渐绝迹，其文字也逐渐不为人知。

甲骨文在汉字漫长的发展历史上具有极其重要的地位，是古代先民在长期的生产和实践中智慧的结晶，作为现代汉字的鼻祖是当之无愧的。我国汉字的萌芽，大约出现于新石器时代晚期陶片上的刻画符号。但这些刻画文字虽已具备了文字的雏形，但都是一些简单的符号和单字，无完整的体系和规律。真正具有一定的体系并有比较严密的规律的文字，最早的要算是甲骨文了。据研究，甲骨文中共有不重复的单字4500个左右，已识单字在1700个左右，而这些单字还不是当时使用的全部文字。中国的文字萌芽较早，在新石器时代仰韶文化的陶器上，就发现了各种刻画符号，成为中国文字的雏形，经过二三千年的孕育、发展，到了商代，中国的文字达到基本成熟阶段。甲骨文具有一定体系并有比较严密的规律，内容丰富，对中国古文字研究有重要作用。过去，古文字研究的主要的依据是商周青铜器上的铭文，如东汉许慎的《说文解字》。甲骨文比《说文解字》要早1500年，而且它是来源于直接发掘出来的出土文物，可信度更高，对研究汉字的起源和发展，纠正《说文解字》的疏失，解决青铜器铭文中悬而未决的问题，都有极大价值。

在甲骨文以前，从考古材料来看，我国境内已有很多尚未完全成熟的文字符号出现。从史书记载来看，《荀子》《吕氏春秋》《韩非子》《世本》都记载有仓颉造字的传说。许慎的《说文解字》序把《系辞传》的说法和仓颉的传说结合起来，说："及神农氏结绳为治而统其事，庶业其繁，饰伪萌生。黄帝之史仓颉见鸟兽蹄航之迹，知分理之可相别异也，初造书契，百工以乂，万品以察。"黄帝的时代在公元前两千五六百年，甲骨文最早的不超过3300年。殷商甲骨上文字的发现和认定，由此确定了距今3000多年的中国文明史，这是非常重要的发现。文字是一个民族文明和文化发展的重要标志，对文化的记录和传承是独一无二的，甲骨文是目前中国已发现的年代最早、体系较为完善的成熟文字，涉及商代社会生活的各个方面。甲骨文具备了丰富完备的造字原理和方法，展现了中国文字的独特魅力。也是世界上现在唯一仍然在使用的文字，展示出中华民族独特的文化渊源以及历史发展轨迹，这些都是中华民族智慧的结晶。文字的演变发展史就是一部中国文明史。

当然关于甲骨文的许多问题正在研究和解读之中，本书肯定有挂一漏万之处，恳望指正。相信随着时间的推移和深入研究还会有新的释读和发现，如甲骨上的书写工具现在尚无定论，本书作为中国传统文化的科普读物，主要介绍了甲骨文的发现、特征、产生、价值、意义等，意在传播中国传统优秀文化。当下正是实现中华民族伟大复兴的起步阶段，从文化自信到文化强国的变革之中，弘扬中国文化，讲好中国故事恰逢其时。

张湘江
壬寅年于昆明

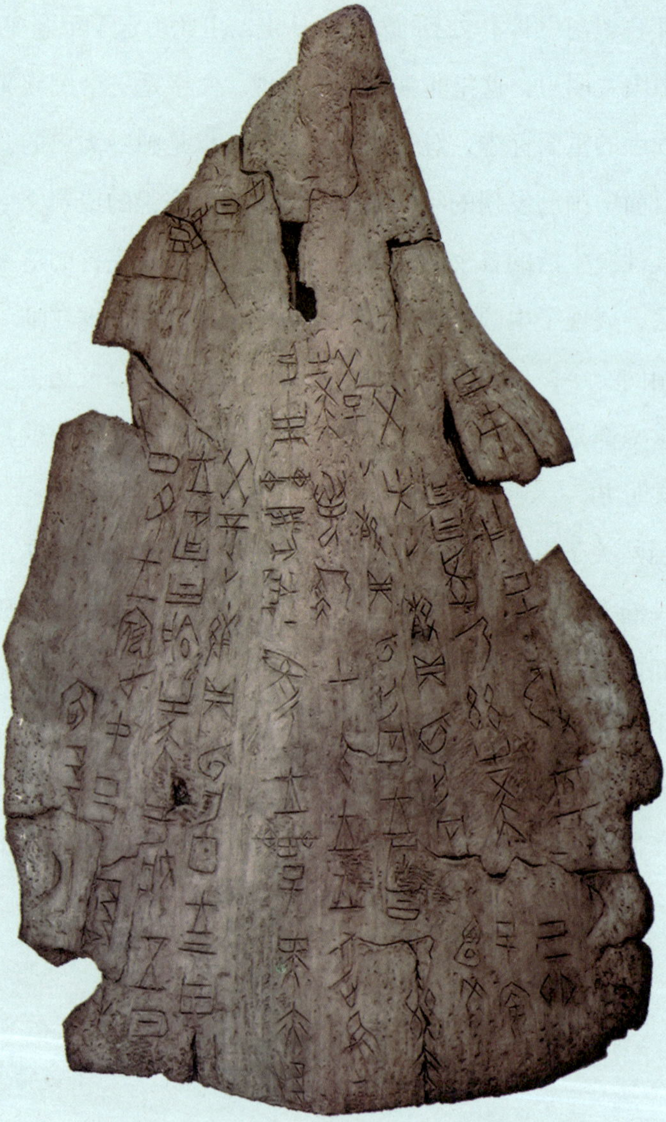

# 目录

## 第一章　从汉字起源到甲骨文的诞生

第一节　汉字起源的传说…………………………………4
　一、八卦画字说　…………………………………………4
　二、结绳刻契说　…………………………………………7
　三、仓颉造字说　…………………………………………11
　四、起一成文说　…………………………………………13
　五、其他传说　……………………………………………14
第二节　考古科学对汉字起源的佐证………………………15
　一、比甲骨文更古老的陶文刻画符号　…………………16
　二、从原始图画到图画文字　……………………………17
　三、汉字鼻祖——甲骨文的诞生　………………………19

## 第二章　甲骨文概述

**第一节　甲骨文的文字学特点** …………… 26
　一、甲骨文是最早的成熟、系统的文字 …………… 26
　二、甲骨文是在变化中发展的文字 …………… 29

**第二节　甲骨文的类型** …………… 34
　一、甲骨文的风格流变 …………… 34
　二、研究专家对甲骨文的分期 …………… 35

**第三节　甲骨文的表现形态** …………… 40
　一、笔书 …………… 41
　二、刻契 …………… 42
　三、刻字饰色 …………… 44

**第四节　甲骨文刻契方法** …………… 45
　一、先书后刻法 …………… 46
　二、直接刻契法 …………… 47
　三、酸泡软化刻契法 …………… 48
　四、大字先书后刻，小字直接刻契 …………… 48
　五、先直后横和单字刻契相结合 …………… 49

**第五节　甲骨文刻契的讲究** …………… 50
　一、顺兆和犯兆卜辞 …………… 50
　二、卜辞的行款和界划 …………… 51

第六节　甲骨文与金文的关系…………………………… 52
　　一、甲骨文与金文的比较及相互关系 ……………… 52
　　二、金石学的发展促进了甲骨文字的识读 ………… 56

第七节　甲骨占卜之谜…………………………………… 59
　　一、殷商人为什么在甲骨上刻字 …………………… 59
　　二、甲骨占卜记录是中国最早的"档案库" ………… 62

## 第三章　甲骨文的发现与早期研究

第一节　甲骨文的发现…………………………………… 67
　　一、剃头匠巧将甲骨作"龙骨" ……………………… 67
　　二、药店伙计与甲骨文失之交臂 …………………… 69
　　三、"甲骨文之父"慧眼识甲骨 ……………………… 71
　　四、王懿荣与清代金石学 …………………………… 73

第二节　甲骨文的早期研究……………………………… 77
　　一、刘鹗整理出版《铁云藏龟》 …………………… 77
　　二、孙诒让与《契文举例》 ………………………… 79
　　三、王襄与第一部甲骨文字典《簠室殷契类纂》 …… 81
　　四、"甲骨学西方学者第一人"明义士 ……………… 85

# 第四章 "甲骨四堂"

**第一节 雪堂罗振玉** ··············· 89
  一、生平 ··············· 89
  二、甲骨文研究成果 ··············· 92
  三、确定甲骨文出土地 ··············· 94
  四、对甲骨文研究的贡献 ··············· 99

**第二节 观堂王国维** ··············· 103
  一、生平 ··············· 103
  二、在哈同花园研究、著录甲骨文 ··············· 105
  三、甲骨文名著"二考一论"轰动学界 ··············· 106
  四、备受学者推崇的"二重证据法" ··············· 109
  五、王国维之死 ··············· 110

**第三节 彦堂董作宾** ··············· 114
  一、生平 ··············· 114
  二、"小屯考察"及殷墟田野科学发掘 ··············· 116
  三、发现"贞人""贞人集团" ··············· 119
  四、甲骨文分期断代第一人 ··············· 120
  五、《殷历谱》及商代天文年历奠基人 ··············· 123

**第四节 鼎堂郭沫若** ··············· 126
  一、生平 ··············· 126
  二、流亡日本,潜心研究甲骨文 ··············· 127

三、出版《中国古代社会研究》《甲骨文字研究》……130
四、著录甲骨文，编成《卜辞通纂》和《殷契粹编》……132
五、出版《甲骨文合集》……134

## 第五章　甲骨文书法

**第一节　早期甲骨文书法**……138
　一、最早的甲骨文书法家：贞人……138
　二、甲骨文刻契之美……143
　三、甲骨文是中国书法艺术的萌芽……151
**第二节　近现代甲骨文书法**……156
　一、罗振玉是甲骨文书法的开创者……158
　二、黄宾虹的意笔甲骨文书法……164
　三、董作宾的刀笔风格甲骨文书法……166
　四、丁仁、潘主兰甲骨文书法的瘦劲之美……170

## 第六章　如何学习甲骨文书法

**第一节　入　门**……174
　一、了解甲骨文书写的基本技法……174

二、了解具体用笔技巧 …………………………… 175
　　三、了解甲骨文的章法与墨法 …………………… 176
　　四、将甲骨文与小篆、金文比较，增进感性认识 ………… 177
　　五、从小篆入手作为"热身" …………………… 179
　第二节　选帖、读帖与临帖 ………………………… 182
　　一、如何选帖 ……………………………………… 182
　　二、如何读帖与临帖 ……………………………… 185
　第三节　临作与创作 ………………………………… 189

第一章

从汉字起源到
甲骨文的诞生

很多朋友都听说过甲骨文这种文字，就连一些"老外"也被它的神秘感吸引。可是，如果具体说到甲骨文的知识，大概就连咱们中国人也知道得很少。

甲骨文是中国已发现的古代文字中时代最早、体系较为完整的文字。我们平常说到甲骨文时，主要是指殷墟甲骨文，又称为"殷墟文字""殷契"，现在已经发现的是殷商时代刻在龟甲兽骨上的文字。

甲骨文

甲骨文是19世纪末在殷代都城遗址（在今河南安阳小屯村）发现的，研究者认为它继承了陶文的造字方法，是中国商代后期（前14—前11世纪）王室用于占卜记事而刻或写在龟甲和兽骨上的文字。可以说，甲骨文是商朝的主流文字，或者说是官方文字。在殷商灭亡、周朝兴起之后，甲骨文依然延续使用了一段时期。

说到这里，可能有人会

甲骨文拓片

产生这样的疑问：①甲骨文是怎么产生的呢？②为什么甲骨文是用刀刻在龟甲兽骨上，而不是用笔写在纸上呢？

后一问题很容易回答，虽然说中国是世界上最早造出纸张的国家，但那也是到汉代才出现的发明创造。这里探究的甲骨文，可是早在3000多年前就出现的文字，一方面那时候纸张还没有被发明；另一方面它被刻在龟甲兽骨上也有着特殊的意义，这在后面会讲到。而要回答甲骨文产生的问题，则要牵涉汉字起源的知识了。

中国是世界上文明史最悠久的国家，不仅汉字的流传十分久远，就连有关汉字起源的文献记载，早在2000年以前的周秦时期的典籍中就已经存在着了。不过，这些记载的内容相当一部分是传说，有的干脆带有浓厚的神话色彩。归纳起来，主要有四种传说，即八卦画字说、结绳刻契说、仓颉造字说和起一成文说。其中，影响最大、被认可度最高的，是结绳说与仓颉造字说。

**甲骨文**

## 第一节

## 汉字起源的传说

### 一、八卦画字说

伏羲氏太昊是古代传说中先于黄帝和神农的君主。传说中伏羲氏是人头蛇身，客观上分析，他可能是以蛇（或龙、麒麟之类）为始祖图腾的一个古老的氏族首领。伏羲氏的领地在我国中原东部和黄河流域，这一带遗留下的古代绘画和墓葬绘画中，都把伏羲氏作为人类的祖先。

传说中的伏羲氏是一位大发明家，他发明了八卦、瑟和乐谱、渔网等，被后世尊称为"有王之先""人祖"。他仰观天文，俯察地理，旁观鸟兽身上的花纹和大地的特征，远取天下万物，近取身上的器官，在如此这般的广搜博取之后，进行了高度的概括和提炼，用阴、阳来涵括天下万物。具体做法，是用一条长画代表阳，即—，称为阳爻；用两条短画代表阴，即--，称为阴

伏羲塑像

爻。在此基础上，规定由3个爻（阳爻或阴爻）组成一个卦，这样进行了一番阴阳爻的搭配，用现代话说就是排列、组合之后，就形成8种图案，称为"八卦"，象征8种自然现象，而原始社会里的一切事情包括祭祀神灵、安民告示等，都可以创造性地用"八卦"来进行。

《尚书·序》中说："古者伏羲氏之王天下也，始画八卦，造书契，以代结绳之政，由是文籍生焉。"

这里说的"书契"，是指刻在可以啮合的两块骨片、竹板、木块等材料上的文字或类似文字的笔画、符号。书契原本是一种有契约性质的文书，这里是指文字。《尚书》中这段话是说，伏羲氏发明了八卦符号和书契的做法，取代了原先结绳记事的旧办法，由此产生了文字和书籍。

八卦符号代表了8种自然现象。八卦中，☰代表天，称作乾；☷代表地，称坤；☳代表雷，称震；☶代表山，称艮；☲代表火，称离；☵代表水，称坎；☱代表泽，称兑；☴代表风，称巽。任意两卦相叠合，就可以得出八八六十四卦，从而也就揭示了宇宙万物的演变。八卦用蓍草或小竹棍之类的筹策来推演。以上记载将"画"与"造"并列，"八卦"与"书契"同举，似乎二者又是同时产生的了，但没有明确说由八卦而生文字。

**龙虎山上道观八卦图**

到了宋代，便有人认为八卦就是汉字的发端。宋朝学者郑樵（1104—1160）在《因文成象图》中认为"天、地、山、泽、水、火、风、雷"八个字直接来源于"乾、坤、艮、兑、坎、离、巽、震"八卦。他在另一篇文章里，又具体解释了

"水""火""地"3个字，说明它们分别起源于坎、离、坤卦。

近代以来，一些学者继承了郑樵的学说，把八卦说进一步发挥，认为由八卦变化出来的64卦便是"文字之祖"，越说越离奇，仿佛八卦的符号跟孙猴王身上揪下来的一小撮毫毛似的，迎风一吹，就变成了成千上万个文字。

当代学者对于八卦说，已有明确的理性认识。唐兰在《中国文字学》中说："八卦的起源，既是巫者用算筹排列出来的方式，用来做事物的象征，就和文字无关，而且巫术的盛行，恐怕就在殷时，文字久已发生，所以八卦的卦画，绝不是文字所取材的。"也就是说，古文字资料中出现的一些用数字组成的符号，只能说明八卦形成过程中曾借用数字。

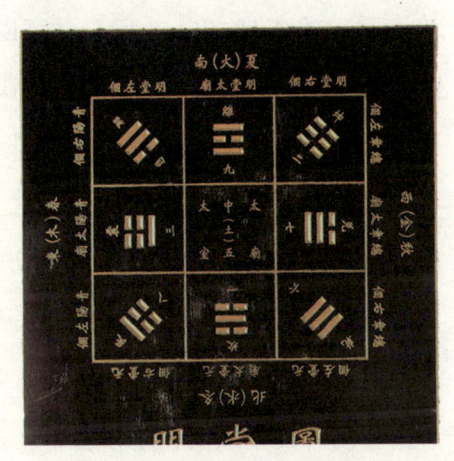

**神农氏殿的易卦九宫格**

## 二、结绳刻契说

作为一个现代人，如果你手上没有纸和笔，也没有手机等可以记录信息的工具，如果有需要记录的内容，你怎么办呢？当然，最简单也最直接的方法，是记在自己的脑子里，等回到家里再找纸和笔或录音设备进行记载。可是，如果需要记的内容很多，脑子记不下那么多，怎么办呢？是不是没辙儿了？

其实，当汉字还没有产生的时候，古人也常会遇到这样的情况，有些他们认为很重要的事情需要记录下来。那么，他们是怎样做到的呢？在那时候，咱们的先人采取的有效办法是用实物记事，其中最常用的是结绳和刻契。

结绳记事的说法最早出现于《易经·系辞上》："上古结绳而治，后世圣人易之以书契。百官以治，万民以察，盖取诸夬。"《庄子·胠箧篇》也说："昔者容成氏、大庭氏、伯皇氏、中央氏、栗陆氏、骊畜氏、轩辕氏、赫胥氏、尊卢氏、祝融氏、伏羲氏、神农氏，当是时也，民结绳而用之。"一般来说，这12个古代氏族是代表了前后不同的时期，可见，上古有很长一段时期先人们是用结绳的方法来记事的。神农氏是12氏族中的最后一个时代，也是黄帝轩辕氏出现之前的一个有文字可考的时代。

中国古代文献实在是丰富，就连结绳这种记事方法的具体做法，书中都有详细记载。《周易正义》引《虞郑九家易》说："古者无文字，其有约誓之事，事大大结其绳，事小小结其绳，结之多少，随物众寡；各执以相考，亦足以相治也。"《易经·系辞下》郑玄注也说："事大大结其绳，事小小结其绳。"

结绳记事起源于旧石器时代后期，绳索是当时原始人生活中很重要的一项发明，用来捆束东西、捆扎武器、捆绑野兽、捆绑俘虏，当然，还用它编成片状的东西来遮盖或装饰身体，这是它的日用价值，而用绳子打结的方法来记录大小事情，则是赋予了它文化记载的功能。当然，古人为了记住某件事情，如某一次打猎的收获，或者某一次不同部落之间的战斗结果，也可以用石子在自己穴居的石洞壁上画上长短、数量不一的线条，但相比来说，结绳记事更具有方便、实用的特点，当部落迁居的时候，也可以随身带走。结的大小、多少和位置的不同，他们都会规定代表不同的意义，有大事在绳上结大结，有小事结小结，等以后需要回忆某事的具体情况时，看到绳结的形状和大小、疏密排列，就能条件反射似的提取出大脑中的记忆信息。

在今天的西南部族中仍然有一种结绳记事的传统，只是在一根主绳上挂着象征发生过的事情的物件，如挂一个镰刀形的东西表示收割，挂一条红色的布来表示孩子出生等。根据记载，古埃及、古波斯、古代日本都曾有过结绳之事。据人类学家和民俗学家考察，现在世界上还有一些民族在继续使用此法。

这表明，结绳记事确实是历史的遗存。人们把结绳与文字联系在一起，主要是因为人类创造结绳记事的方法与发明文字的想

甲骨文

法是很一致的。

结绳之后出现了刻契。作为帮助记忆以及作为契约用的刻契，比结绳前进了一步。刘熙载《释名·释书契》："契，刻也，刻识其数也。"早在《列子·说符篇》已有刻契的记载："宋人有游于道，得人遗契者，归而藏之，密数其齿。告邻人曰：吾富可待矣。"这里所说的"齿"，就是刻契上的齿痕。

刻契是在简牍的侧面上齿，以表示数目。阅读简牍的人，读到简牍上所刻的数目，可以根据牍侧面的齿数判断是否是完整的记录。刻契大多数用于战争、生产、物品交换，在超越空间的限制来传递信息方面，它的功能和郑重程度都大于结绳，但它记事的功能更弱，在历史上的普及性也较差。不过，以齿记数的做法对文字的产生也会有启发，作为前文字的一种现象也是可信的。中国历史上，居地偏远的少数民族中间采用这种方式的比较多，自宋代以来，苗族、瑶族等有关刻契的记载很多；清代海南岛的黎族长期使用刻契，直到中华人民共和国成立之前还能见到。现在的云南省博物馆保存有彝族、景颇族、佤族、拉祜族、哈尼族等少数民族的刻契遗物。

**纳西族文字**

### 三、仓颉造字说

"仓颉造字"的传说最早出现于战国时期的文献,它的流行应当出现得更早。黄帝是传说中的远古五帝之首,为原始社会晚期部落联盟首领,中国古代的许多发明,如养蚕、舟车、文字等,相传就始于黄帝时期。传说仓颉生而神灵,十分聪慧,在小时候就是一个小发明家,喜欢刻画不同形状的符号来表示各种事物。长大以后,他被选为黄帝的史官,经过努力和实践创造出一套文字,从而使后世的史官有了可以记事记言并集册保存的文字工具。因而,仓颉被公认为中国文字的鼻祖。

到了秦汉时代,仓颉造字说流传更广,影响更深。汉代出现的《淮南子·本经训》中说:"昔者仓颉作书,而天雨粟,鬼夜哭。"这里用"天雨粟,鬼夜哭"这种"天人感应"的

仓颉像

方式，形容文字发明后惊天地泣鬼神的力量。这是西汉人附会的"神话"，并带有怪诞的色彩。那么，仓颉造字之后，天上为什么会降下谷子来呢？通行的解释是，上天知道仓颉发明了文字，非常感动，特意下了一场谷子雨奖励仓颉。这也是二十四节气中"谷雨"的由来，民间就有"清明祭黄帝，谷雨拜仓颉"的风俗。

关于仓颉造字，民间还有一个传说：仓颉受黄帝之命发明文字，刚开始的时候因为没有范例很发愁，于是，他每天到河边溜达，苦思冥想，琢磨着怎么造出表示天下万事万物的字来。一天，他看见一位渔翁从河里钓起一条鱼扔到沙滩上，那鱼儿身子一扑棱，沙子上就显出一个印痕，那轮廓分明就是鱼的样子。仓颉一拍脑门：这个印记，岂不正好可以当作"鱼"字？于是，他用手指在沙子上画出一个鱼形符号，喊渔翁来看。渔翁一看就说：这不是鱼嘛！仓颉大喜，"鱼"字就这样产生了。脑子一旦开了窍，往后的事就好办啦，仓颉就利用这一类的方法，造出的字越来越多……

东汉许慎把前人的传说吸收后，并加以整理，正式写入早期汉字史，在《说文解字·叙》中的记述最为全面："黄帝之史仓颉，见鸟兽蹄之迹，知分理之可相别异也，初造书契。"又说："仓颉之初作书，盖依类象形。"刘勰的《文心雕龙·练字》也沿袭许慎的说法，有了"文象列而结绳移，鸟迹明而书契作"的名句。由"鸟兽之迹"而"依类象形"，这正说明最初的汉字是由象形的方法发明出来的。

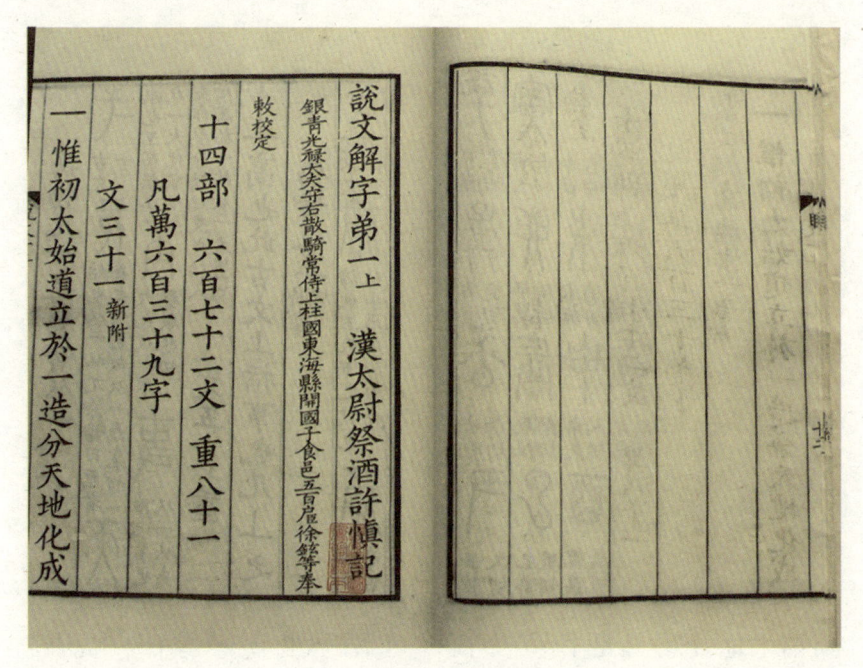

《说文解字》书影印

## 四、起一成文说

宋代郑樵提出"起一成文说",认为汉字都是由"一"字演变而来。这一观点的哲学依据,是道家"道生一,一生二,二生三,三生万物"的观点。

这一说法,最早出现在郑樵《通志·六书略》中的"起一成文图"。名为"图",实则是一段关于文字起源的论述。在郑樵看来,"一"似乎是条柔软的橡皮绳子,可以随心所欲,任意摆弄,变成各种角度的线条笔画。如果从楷书的角度看,这种"起一成文"说似乎不无道理,组成楷书字形的各种笔画除点(、)之外,都可以看成不同长短、不同方向角度的"一"。但是,楷书毕竟不是汉字的最早形态。在隶书之前的篆书特别是甲骨文、金文并不是这样的,它们的笔画很难全都与"一"扯上关系。因此,郑樵的这种"起一成文说"是想当然的杜撰,自然很难使人信服,实际上这一说法的影响也不大,流传也不广。

## 五、其他传说

关于文字的起源,中国人有着丰富的想象,除了以上主要传说之外,古籍中关于文字起源的传说还有不少。炎帝神农氏因上羊头山始出嘉禾八穗而作"穗书",黄帝轩辕氏见卿云而作"云书",少昊金天氏以鸟纪官作"鸾凤书",帝喾高辛氏以人纪事,又像仙人形作"仙人书",颛顼帝高阳氏状蝌蚪之形作"蝌蚪文",帝尧因轩辕灵龟负图作"龟书"。此外,还有人特意编制所谓"龙书""鸟足书""殳书""鱼书""虫书""鸟书""虎书"等,五花八门,不一而足。

## 第二节 考古科学对汉字起源的佐证

中华民族有 5000 多年的文明史，甚至早在黄帝时代汉字就已萌芽，而在文字发明之前，先人们曾尝试用各种方法来帮助记忆，其中就包括发明文字。也正是有了汉字及其随着时间的推移而越发完善、完备，中华文明才得以有效地传承。从客观上说，文字是先人在对客观事物观察、分析而创造，由"圣人"或史官加以规范和整理，并经过漫长的时期，由简单到复杂、由少到多，而逐渐发展、完善、成熟起来的。

郭沫若在《古代文字之辩证的发展》中对汉字的起源及成熟过程作了精辟的概括："中国文字的起源应当归纳为指事与象形两个系统，指事系统应当发生于象形系统之前。至于会意、形声、假借、转注等，是更在其后的。"

## 一、比甲骨文更古老的陶文刻画符号

近现代的考古，发现了许多新石器时代的文化遗址，在仰韶文化、二里头文化、大汶口文化、良渚文化等遗存中都发现了比甲骨文更古的与文字起源有关的陶文刻画符号，有些与甲骨文字极其相似。仰韶文化彩陶刻画的符号和大汶口文化灰陶尊上刻画的符号，都是一种文字产生过程中的指事现象。这类陶器符号，有的是刻画的，有的则是用毛笔一类工具绘写的，在数量上刻画的多于绘写的。如果按其结构分类的话，大体可以划归两个系统：一是记号性质的线条系统，是抽象符号的数目字；二是状物性质的图形系统，是具象符号，与古汉字非常相似。

良渚文化

仰韶文化陶器刻符

尽管这种符号还不是文字，尚不能构成完整的文字体系，也没有发现用作记录语言的证据，但至少某些符号可以用来表示固定的意义了。这一类陶文刻画符号，最古老的是约 6000 年前属于仰韶文化的彩陶纹，以及时间与此相近的属于大汶口文化的灰陶刻符。它们的时代，都在新石器时期的中晚期。这是迄今考古发现的可以代表汉字起源的上限的实物证据，从理论上说，汉字起源的上限也许比这还要早一些甚至早很长时间。

## 二、从原始图画到图画文字

图画也是古人帮助记忆、表达思想、交流情况的辅助手段。图画大约是与刻契同时发生的。古代传说，作图始于史皇，史皇为黄帝之史。传说夏代所铸的九鼎上，呈现多种神怪图。周鼎上也常常刻有奇形怪物。今天我们能够看到先民较为成熟的记事方式就是使用字形图画，远古的符号文字也是从象形图画开始的。

**鼎的刻图**

比如，关于人的事，就画上个人形；记载打猎的收获，就画上动物如大象、鹿、野牛或其他图像等；有人捕获到一只羊，想把这件事告诉他人，他就照羊的模样画刻在山崖或器具上。最初形象并不统一，有的只画刻羊头，有的画刻整羊，有正面的，也有侧面的。有时为了表示"牛"的存在，他们就在山洞里画一头牛，开始时画得很复杂，也很逼真，使人一看就知道，后来画得多了，人们不再花很多时间去画得那么复杂，而是把图画抽象简化，用几根线条画一个轮廓，或仅以牛的两只角作为特征，图画文字就逐渐形成了。这种画图记事、画图示意的方法，在很长的一段历史时间内被保留下来。

图画符号是从图画中逐渐抽象演化而来的，而文字就是在这些抽象的图画符号中逐渐形成的。目前大多数学者认为文字起源于原始图画。这一观点最早是唐兰提出的。他认为："文字的发生，在夏以前，至少在四五千年前，我们的文字已经很发展了。"

对这类符号，有的学者认为是文字，也有的认为它们还不是

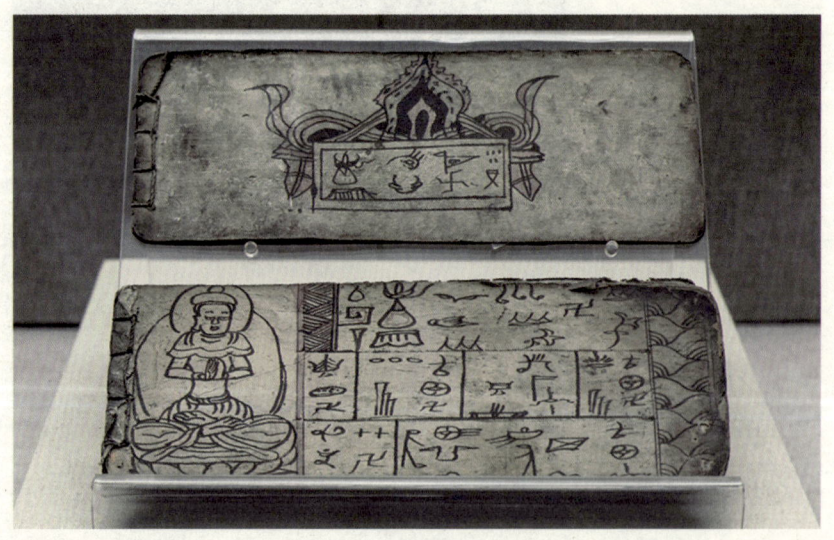

文字博物馆藏品

文字，是属于"图画记事的范畴"。尽管这类图画符号还不能视作有读音、能记言的文字，但无疑可以看作原始文字的先声。如果把这些图像混到甲骨文或早期金文的最接近于图画的文字当中，说它们是古汉字，人们也会承认。因此，有的文字专家称之为图画文字。

后来由图画进一步向文字发展，到出现摹写形象的"文"及派生出来的"字"的时期，就发展到了象形文字阶段了。文字画或图画文字不仅给原始象形文字准备了条件，提供了造字的方法，它更是象形文字的来源、象形文字的前身。

图画文字逐步发展为早期象形文字，最主要的变化，在于它直接成为语言的符号，变得可识和可读。另外，它的总体的直观性经过分析，变为一形即一词。这时，完全写实的绘形就演变为象征的或局部替代的，只要所绘与所指保持有理有据，能使人识别就可以了。

### 三、汉字鼻祖——甲骨文的诞生

严格来说，上古先民始创的文字符号，只能记录些单词，最多可记录些十分简单的句子。陶器上的刻画符号或少数图形文字，只是一些零星的材料，大体上或处于文字的萌芽状态，或处于文字的初创阶段；当发展到形成一套比较完整的系统符号，可以记录一连串的句子，表达比较复杂的思想感悟时，这种文字就形成了自己的体系。这一比较完整的文字体系，就是甲骨文。

从原始图画到甲骨文，经历了一个质的飞跃。这个飞跃的过程，就是文字本身经历着由产生到成熟、由成熟到完善、由完善到更加完善的不断发展过程。甲骨文这种语言书写符号系

统，就是经过无数次的创造、整理与再创造、再整理，才最终形成的。

在清末甲骨文被正式发现之前，比较系统的文字资料只有两种：一是实物，如殷周青铜器上的金文等，自宋代以来已有详细的著录研究；二是东汉许慎的《说文解字》，它被奉为解说古文字的唯一经典。发现甲骨文之后，《说文解字》已不再是神圣不可侵犯的经典，因为甲骨文的时代比它要早1400多年。金文极盛的时代比甲骨文晚，而且数量也没有甲骨文多。

1984年，甲骨学家胡厚宣在《八十五年来甲骨文材料之再统计》一文中给出了这样的数据：已发现的甲骨共有154604片，中国收藏有127900片。如若以每一片甲骨上有20个字计算，甲骨文史料就多达300多万字！文字学家王宇信说："殷墟15万片甲骨上的4500多个单字，目前已识近2000字。但常用和无争论者仅1000多字。"

甲骨文与古埃及的圣书文字、古巴比伦的楔形文字和古印度河流域的原始文字并称为"世界四大古文字"，其他3种文字都先后失传，只有甲骨文传承不断，作为汉字的鼻祖，它的传承脉络清晰，由甲骨文演变发展而来的汉字，直到今天仍为占世界上1/5的人口所使用，并被联合国确定为通用语言之一。由于王永民的汉字五笔输入技术的发明以及专家学者的攻关努力，古老而伟大的汉字顺利地通过了电脑录入关，此后拼音全拼、郑码等汉语输入法次第发明，并且语音、手写、键入三法俱全。5000多年前的甲骨文的后裔由此可直通因特网，进入了现代世界文明的同步发展之中,从而使甲骨文所开创的中国汉字成为世界文字史上最长寿的文字。

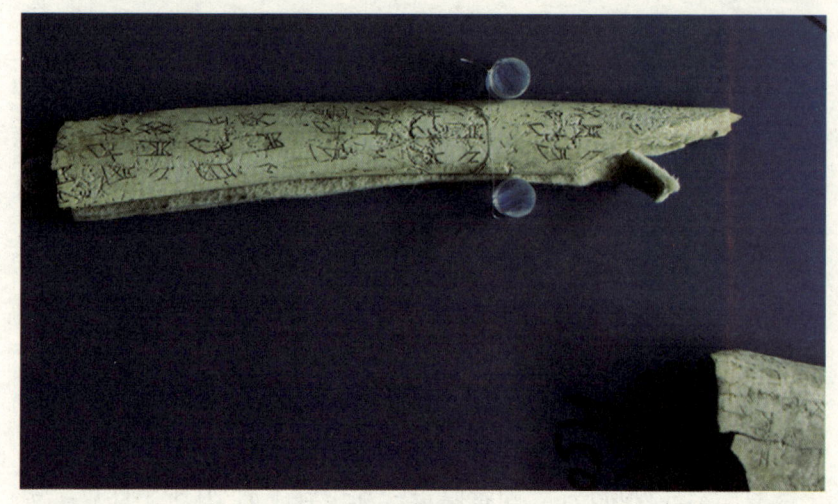

甲骨文

## 第二章

# 甲骨文概述

甲骨文是世界四大古文字之一，是中国目前所能见到的最古老的成系统的文字。具体地说，它是古人进行占卜时刻契的卜辞和少量记事文字。因为这些文字刻契在龟甲、兽骨之上，一些学者便约定俗成地定名为"甲骨文"。甲骨上的卜辞和记事文字，虽然严格说起来并不是正式的历史记载，但是因为数量众多，内容丰富，又因其历史悠久，是殷商王室的档案，所以一直是研究中国古代文字和古代史，特别是研究商代历史的最重要、最直接的史料。据已有研究成果，甲骨文有几千个单字，其形、音、义已相对固定，文法也有比较固定的要求，使用起来比较准确，表明它已相当成熟。

甲骨文

甲骨文又称为殷墟文字、卜辞、刻辞、契文、龟甲文等。从文字上考察，商代甲骨文是我们目前能够见到的最早的比较成熟、有系统性的文字体系。甲骨文集字成词，连词成句，以句子表达思想，其句子的构成也可分为主语、谓语、宾语3种成分，有些句子还有修饰语，而其单字也具备了后来汉字的主要特征。殷商时代，甲骨文中最普遍的是祭祀、战争、狩猎、疾病、旅行、风雨、吉凶等关于神灵、自然现象以及与人事有关的记录，当商王要进行重大事件，或需要决定或预知当晚或未来十日内可能发生的吉凶事件时，就通过贞人以甲骨占卜，祈求神灵或祖先保佑，完毕后，其结果再由贞人（负责甲骨文书写和刻契的人员）刻契记录在甲骨上。甲骨文多是占卜的记录，也有一些是王室贵族的记事，是商代后期文字中的一部分，大都是用铜或玉刀刻在龟甲、兽骨上，也有个别是用毛笔直接丹书或墨书的。殷人广泛使用甲骨制作器具和装饰，特别是用来占卜、祭祀和用作刻契材料，这是中国上古文化独有的特色。

甲骨文

甲骨文所记载的内容极为丰富，涉及商代社会生活的诸多方面，不仅包括政治、经济、军事、文化、社会习俗等内容，而且涉及天文、历法、医药等科学技术。从甲骨文中已识别的约4500个单字来看，它已具备了"象形、会意、形声、指事、转注、假借"的许慎六书造字原理和方法，展现了中国文字的独特魅力。学者们认为，所谓4500多个单字，仅仅是商王室占卜时所用的常用字，并非商代汉字的全部。

## 第一节 甲骨文的文字学特点

### 一、甲骨文是最早的成熟、系统的文字

甲骨文在汉字漫长的发展历史上具有极其重要的地位,是汉字发展过程中的一个重要阶段。在目前已发现的甲骨文字中,除了一部分是象形文字外,多数文字的结构已趋向线条化。古人曾将汉字的结构规律总结为"六书"(象形、形声、会意、指事、转注、假借)的理论,这些在甲骨文中都可以找到实例,可见,它的构造已相当完备,包含了汉字构成的多种基本原则。

甲骨文作为一种成熟而系统的文字,具有以下特点。

(1)字形已基本定型,且多数文字已趋向定型。有些文字的结构至今也没有多大变化,如"不""田""子"等。如果拿在甲骨文之后出现的金文、小篆,甚至今天使用的楷书形体与甲骨文相比较,可以发现基本是一脉相承,逐渐变化发展而来的。

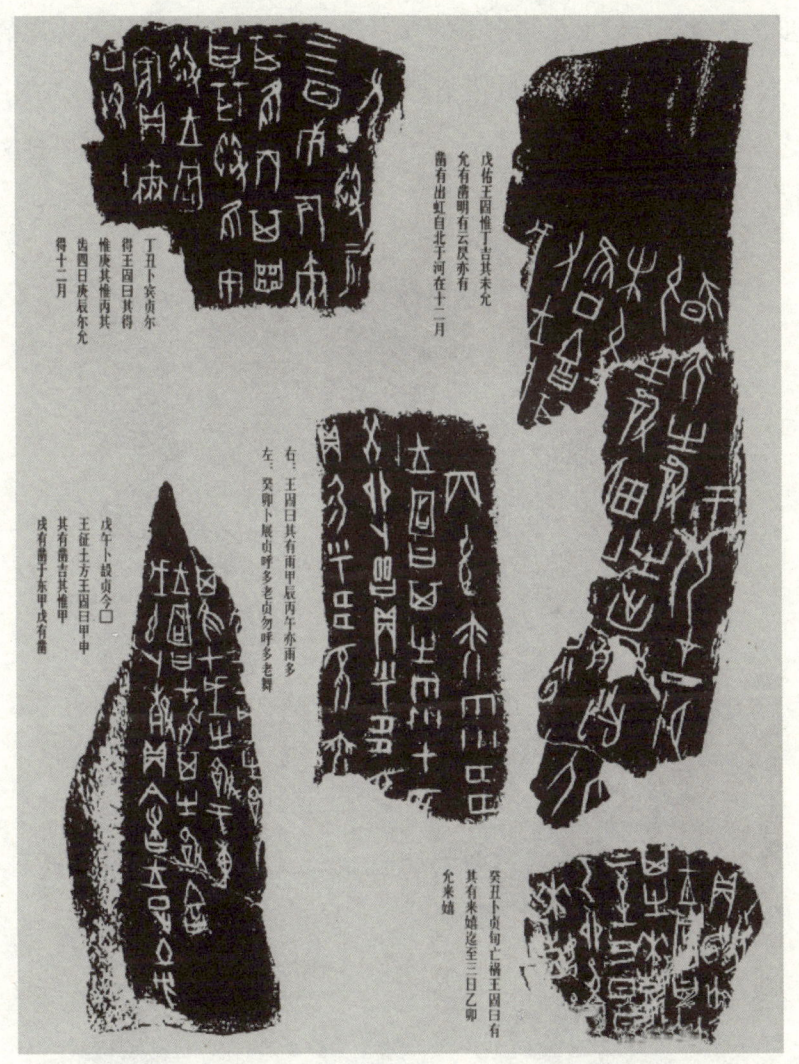

**甲骨拓片**

（2）书写已相当熟练，审美意识非常浓厚，特别注重用笔、结体和章法。

（3）"六书"理论在甲骨文中基本都可以找到例证，早期象形字多，越到后期，形声字就越多，这反映了文字的发展和进步，完全符合后世总结出来的汉字的造字规律，即汉代人提出的"六书"理论。甲骨文虽然不是中国的原始文字，但它的"造字之本"仍然与"六书"大有关系，或者说"六书"原则与甲骨文的造字方法是并行不悖的。

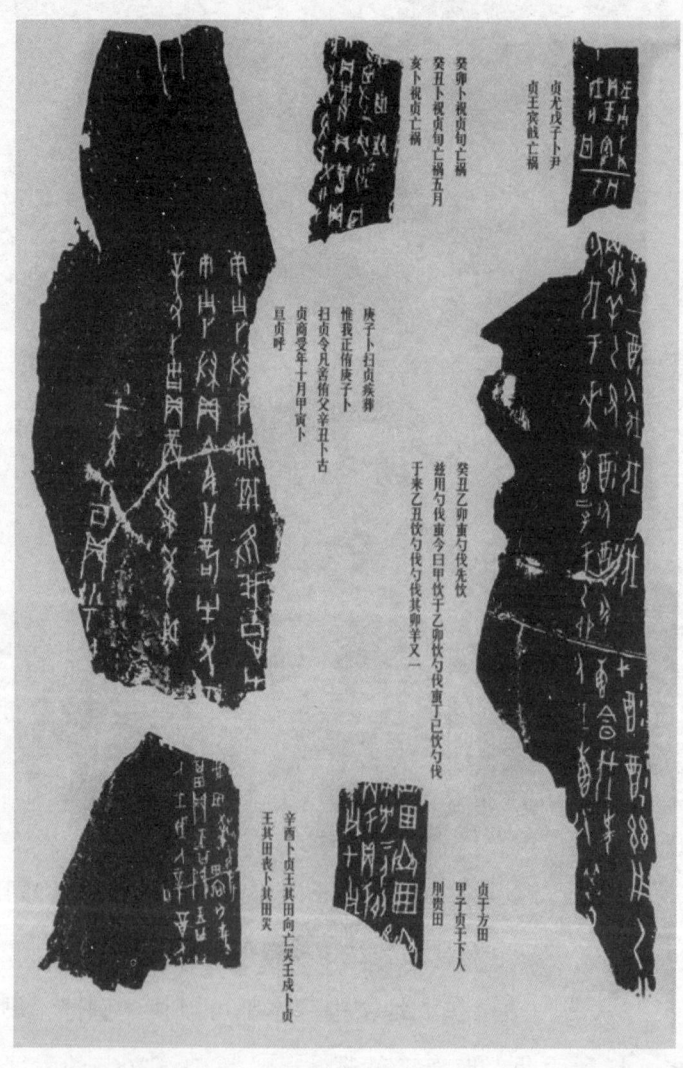

甲骨拓片

## 二、甲骨文是在变化中发展的文字

我们今天看到的甲骨文,其产生的时间跨度自盘庚迁都到帝辛灭亡长达255年时间。事物都是在变化的,人对世界的认识水平和深度也在与时俱进,反映在甲骨文字上也是如此。将早期和晚期甲骨文进行比较,有一些字的构形基本上没有什么变化,如数字,以及"牛""羊""犬""豕""大""小""禾""木""年""受""正""伐""步""涉""文""又""目""田"等;也有一些字有明显的不同,有的增损笔画,有的增加偏旁,变象形为形声,还有少数则前后异字,

甲骨文拓片

音同形异。有些字虽属同期，但异构很多，有的差别很大。

这说明，留存到现在，我们有幸能够见到的甲骨文，本身即包含了发展的时间跨度，反映出汉字在逐步发展、趋于定型的过程中的多种形态。

作为中国文化的第一个文字系统，甲骨文幼稚的一面也是显而易见的。这主要表现在以下几个方面。

### 1. 一字多形；异体字多

甲骨文中字形不稳定，一字多形的现象相当普遍，几乎每一个字都有不同的异构。有时一个字竟多达数十个异体字，每个字虽然都有基本的形态，但又有多种写法，如甲骨文"羊"字，就有40多个繁简不同的异体字，有的是用3个"羊"字组成，也有用4个"羊"字组成的。组成甲骨文的构件部位也不固定，同一个字形可以正写、反写、侧写，也可以倒写。例如，"卜"字，即具有正写、反写、倒写等多种形态。又如，由"日""月"两字组成的"明"字，"日""月"两字也有互不相同的排列形式。

### 2. 繁简不一

甲骨文中的许多字，繁体简体并存，笔画的多少和方向往往也很不固定，有的差别还比较大，很多表示动物名称的字尤其如此。

### 3. 象形程度高

早期比晚期更象形，晚期比早期更简化或符号化，体现出原始文字固有的特色：甲骨文中的许多字很像一幅简化了的图画，虽然有些笔画已变为象征性的符号，如"首、齿、鹿、马、象、车、鸟、鹿"等字，但基本是"画成其物，随体诘诎"。

### 4. 合文与析书的存在

在甲骨文中，一字一体、逐字排列的体制已基本形成，但也有不少例外情况。有时两三个字挤在一起，有时两个字共用一个笔画，而只占一个字的位置，这就是"合文"。这是甲骨文的一大特点，在后来的金文中，虽也偶有合文，但数量较少。

甲骨文中的合文，并非固定总写成合文，有时也分开写，称为"析书"。甲骨文里的合文，大多为先公先王的称谓、数目字，还有吉语等常用词组。这些"合文"不论是由两个字还是由3个字结合，今天不懂甲骨文的人乍看上去，往往会误认为是一个字。在中国古代汉字的书写历史中，这种"合文"的书写形式曾

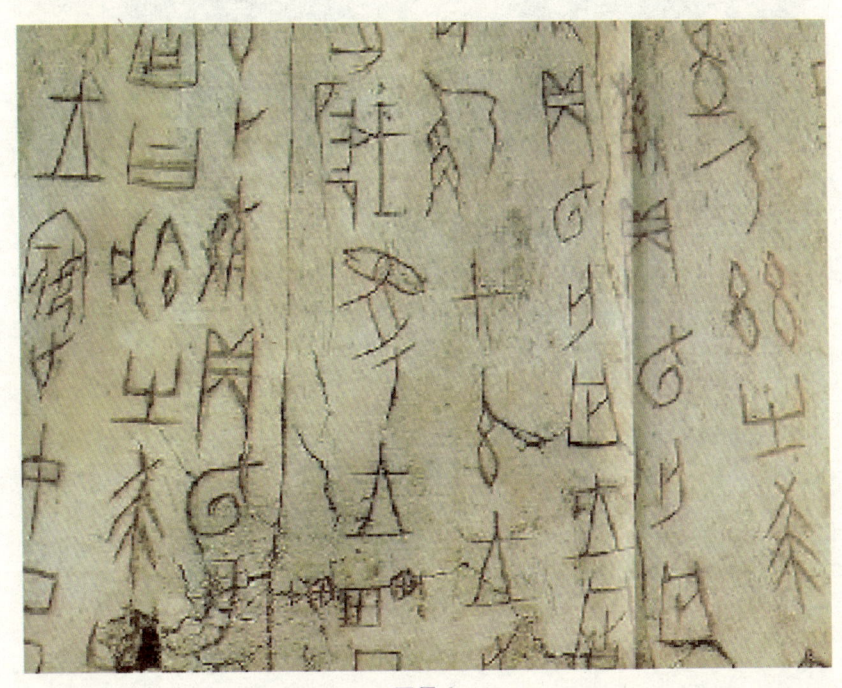

甲骨文

经流行过一个较长的时期，从甲骨文到西周的金文、战国文字乃至秦汉竹简帛书上几乎都有这种"合文"书写的形式，这也是中国古代汉字的一个特点。

## 5. 行文款式不定

甲骨文通常是每行从上到下，但行与行之间，或从左向右，或从右向左，并不固定。

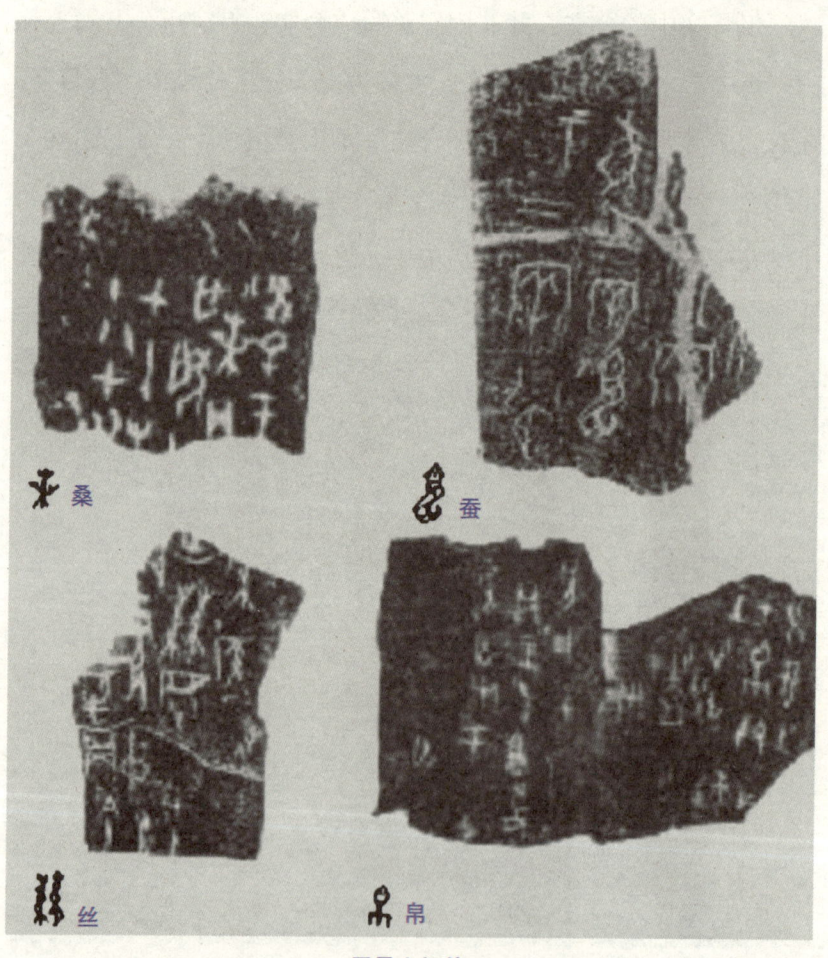

桑　　蚕

丝　　帛

甲骨文拓片

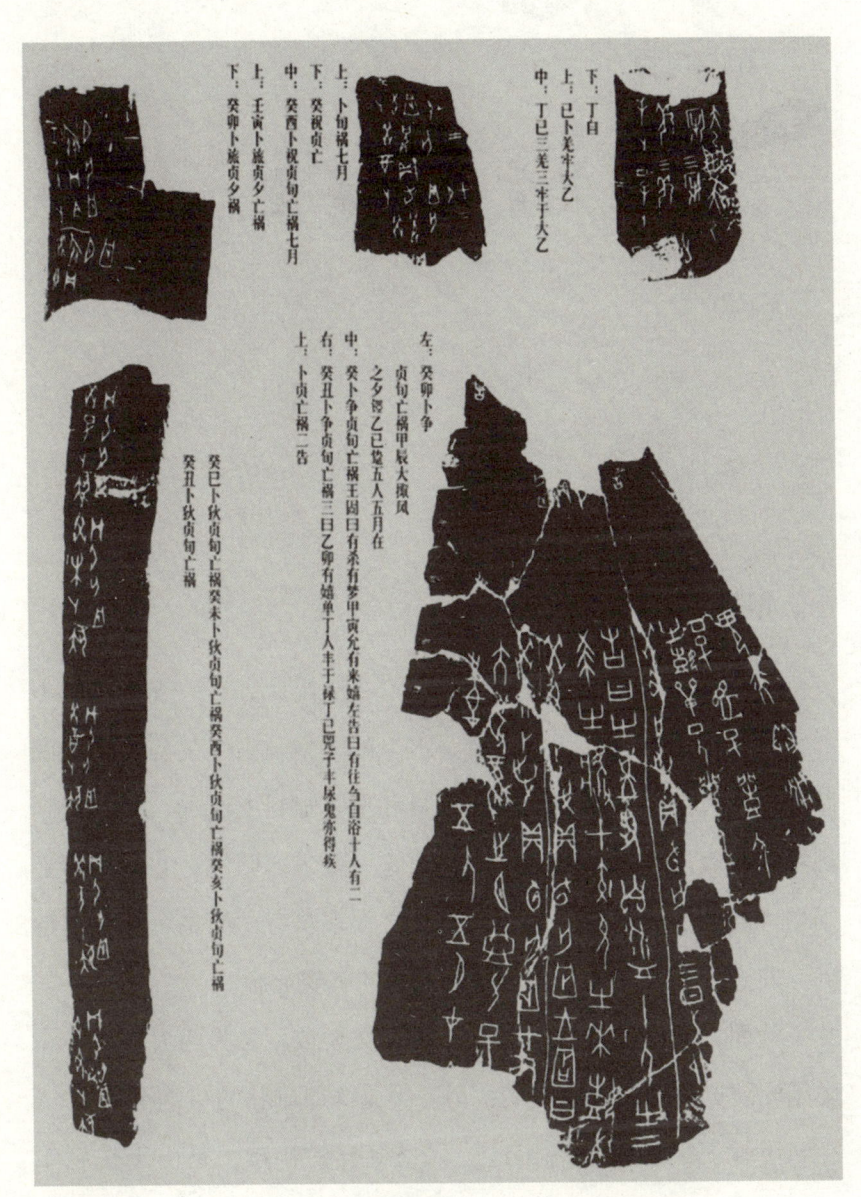

甲骨文拓片

## 第二节

# 甲骨文的类型

### 一、甲骨文的风格流变

甲骨文的内容多是记录殷商人的占卜活动，一条完整的卜辞大致包括占卜日期、占卜者、占卜的事情及占卜的应验情况四部分。甲骨上的文字受到书写工具和书写材料的制约，并且受到现场即时表达（占卜后立即刻写）这一要求的限制，它的构形必须尽可能明快、简洁。因而，甲骨文大多具有"简单示意"的特点，处于一种以直线条为主进行架构的表现形态。

然而，从书法特点上考察，甲骨文大致可分为两大类型：一类是瘦硬挺拔的细笔甲骨文，另一类是浑厚雄壮的粗笔甲骨文。

甲骨文之所以表现出这样风格迥异的特点，是由于受到年代、刻工、环境、内容等因素的影响。在殷商时代，负责甲骨文书写和刻契的人员，称为贞人。在长达255年的时间里出现的殷商甲骨文中，据专家考证，前后出自120多位贞人之手。每个人的性格、知识、修养不同，占卜方式和记录习惯不同，而且不同时期也影响到各自审美观的差异，使得甲骨文的风格随年代的不同、贞人的不同而呈现出不同的特点。

从甲骨文的刻契风格的变化上分析，这种风格表现的不同，一方面以殷商的政治、经济、文化、风俗等为背景，另一方面又按文字及书法美学的自身发展规律而向前演变。

甲骨文

## 二、研究专家对甲骨文的分期

在20世纪之初，王国维对甲骨文的具体年代分期作过论述，创始研究断代方法。后来，董作宾在《甲骨文断代研究例》中对进入商中期至商末约255年间的甲骨文进行了分期和断代，把甲骨文分为"五期"，并论及殷商文字书法的演变。

甲骨文

从各时期文字、书法的不同上,可以看出殷代200余年间文风的盛衰。在早期武丁的时代,不但贞卜所记的事项重要,而且当时史官所书契的文字,也都壮伟宏放,极有精神。第二、第三期,两世四王,不过是守成之主,史官的书契也只能拘拘谨谨,维持前人成规,无所进益,而末流所至,乃更趋于颓靡。第四期中,武乙终日游田,书契文字亦形简陋;文丁锐意复古,力振颓风,所惜当时文字也只是徒存皮毛,不见精髓。第五期帝乙、帝辛之世,贞卜事项,王必躬亲,书契文字极为严密整饬,虽届亡国末运,而文风丕改,制作一新,功业不可淹没。

他所划分的甲骨文5个阶段为:①兴盛的时期(盘庚到武丁),②守成的时期(祖庚、祖甲),③颓靡的时期(廪辛、康丁),④重新振兴的时期(武乙、文丁),⑤严整的时期(帝乙、帝辛)。虽然五期书风各有不同,却是逐渐形成,即使同一个贞人,在不同场合的书风也会不同。各期甲骨文的风格分别有如下特点。

### 第一期:盘庚、小辛、小乙、武丁

此期为兴盛期。自盘庚至武丁,二世四王约100年,受到武丁之盛世影响,书法风格宏放雄伟,为甲骨书法之极致。大体而言,起笔多圆,收笔多尖,且曲直相错,富有变化,不论肥瘦,皆极雄劲。

这些甲骨文刻得很有力,笔画粗壮。大字居多,气势雄伟,挺拔峻厉;小字庄严端丽。笔力粗犷遒劲,结体方整,行款错落有致，代表书家（贞人）有韦、永、宾等。

### 第二期：祖庚、祖甲

此期为守成期。自祖庚至祖甲，约40年。两人皆可算是守成的贤君，这一时期的书法大抵承袭前期之风，恪守成规，新创极少，但已不如前期有雄劲豪放之气。因为他们是守成的贤君，一切严守规矩，这时期书法谨饬工丽，书体工整谨严，端凝秀丽，结体整饬，字体大小适中，行款整齐，字形端稳，作风趋于整饬。代表书家有旅、大、行等。

**甲骨文拓片**

### 第三期：廪辛、康丁

此期为颓靡期。自廪辛至康丁，约14年。此期可说是殷代文风凋敝之秋，虽然还有不少工整的书体，但篇段的错落参差已不那么守规律，而变得有些幼稚、错乱，

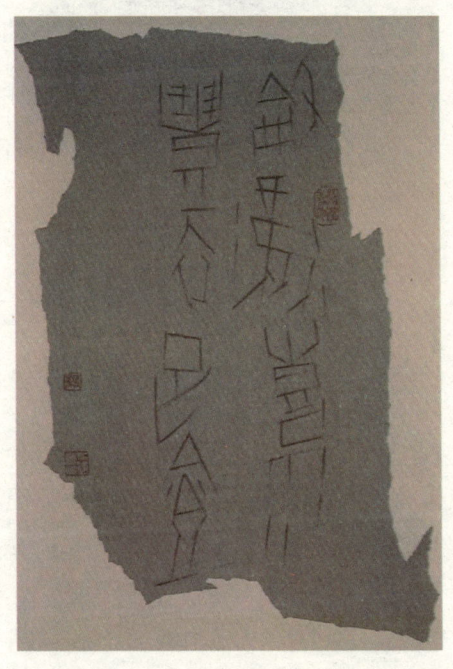

**甲骨文书法**

再加上错字屡见不鲜，书法纤细柔弱，书风逐渐颓靡草率，字迹常歪斜不正，款不整齐。此期书者何、等具名贞人书法颇佳。

### 第四期：武乙、文丁

此期为重振期。这时期又出了一批新的书家，风格生动、放逸，奇变多姿。书法风格转为劲峭有力，呈现中兴之气象。在较纤细的笔画中，带有十分刚劲的特点。该时期前期作品粗疏古拙，颇类似武丁后期体势；后期作品日益严整，透出庄重之气。著名书家为名历者。

### 第五期：帝乙、帝辛

此期为严整期。自帝乙至帝辛，约89年。书法风格趋于严谨，与第二期略近；篇幅加长，谨严过之，无颓废之病，亦乏雄劲之姿。这时期的书风匀整严肃，书体端庄隽美。该时期大部分作品字体细小，精工细致，放逸俊秀，一丝不苟。书法名家

甲骨文拓片

甲骨文拓片

有黄、派等。

也有一些学者认为，如果仅从书法体势和大的风格类型的角度看，殷代的甲骨文可以简单地分为3个阶段：①早期的字形比较大，方折的笔画多，结字疏朗，体势粗犷；②中期的字形整饬，体态娟秀，笔画有方折有圆转；③晚期的字形普遍小，结构紧密，笔画以弧曲的形态为特点。总体而言，商代甲骨文字的面貌是多样的，早期多作大字，雄浑有力，中期柔弱纤细，字体大小参差不一；晚期字体趋小，书写整齐匀称。各时期的书法字体特点明显，不相混淆。

甲骨文书法

## 第三节 甲骨文的表现形态

殷代的君王非常崇信鬼神,经常举行系列祭祀活动,祈求祖先和神灵护佑。在他们的心目中,祖先和神灵的意见至高无上,遇事无论大小都要事先向祖先和神灵报告,甚至王妃是否有生育能力,自己是否会生病,都要通过占卜的方式征求祖先或神灵的意见。占卜的内容为"卜辞",属于国家档案性质的文书,由贞人或专业人士刻契在占卜的甲骨上。如果说这些刻契者或贞人就是当时的书法家,甲骨上的书迹就可算是中国最早的"书法作品"了。

从书法艺术角度考察,甲骨文已具备了笔法、字法、章法等艺术要素。纵观所有的出土甲骨文,其文字大致有三种表现形态。

## 一、笔书

用毛笔蘸墨或朱色矿物颜料直接书于甲骨上,书体清晰,圆润沉着,其方法开后世篆隶草行楷之先河,而殷商时期已有毛笔,可从考古和文献中得到证实。

在出土的甲骨文中,有少量的用毛笔书写而未刻契的朱书和墨书文字,在这些为数不多的笔书作品中,可以排除刀刻因素的干扰,而直接欣赏中国书法史上早期书写墨迹的真貌。与用刀刻契的甲骨文相比,这些用毛笔书写的朱书、墨书,其基本笔法有落笔、行笔和收笔三个特点,而无藏锋、逆锋等与自然笔顺相背的用笔法,显得十分自然、质朴。而在用笔上已经有了轻重提按的变化,线条有粗细之分,而且显得浑劲厚朴,转折处圆润自然,含蓄有力,不像刻契甲骨文字那样以多个短线组成和字形笔画粗细的相对均等,从中可以体味书写者对书法的有意识的追求。

墨书甲骨等古物的发现,表明殷商时期用毛笔写字的艺术已流行。由竹管与动物毛制成的毛笔易腐朽,殷商考古至今还未发现毛笔的实物。但由殷人的墨迹可以推知,当时已经有了毛笔之

**甲骨文**

类的书写工具。甲骨文中有"笔"字,上部从"聿",是手执物的形象,其物类似笔。《说文解字》有"聿"字,是持笔写字的形象。

## 二、刻契

甲骨文的刻契,可分为单刀直接刻契与墨笔书写后再刻契两种类型。

(1)不用将文字先书写于甲骨之上,而是用单刀直接刻契表现文字,这就是直接单刀刻契型甲骨文。由于龟甲、兽骨非常坚硬,很难刻出毛笔书写那样的抑扬顿挫、粗细变化悬殊的笔画。甲骨文多使用单刀刻就,易笔书的圆形线条为刻契的方形线条,变曲线为直线,并且刻契出的线条没有明显的粗细变化,只是入

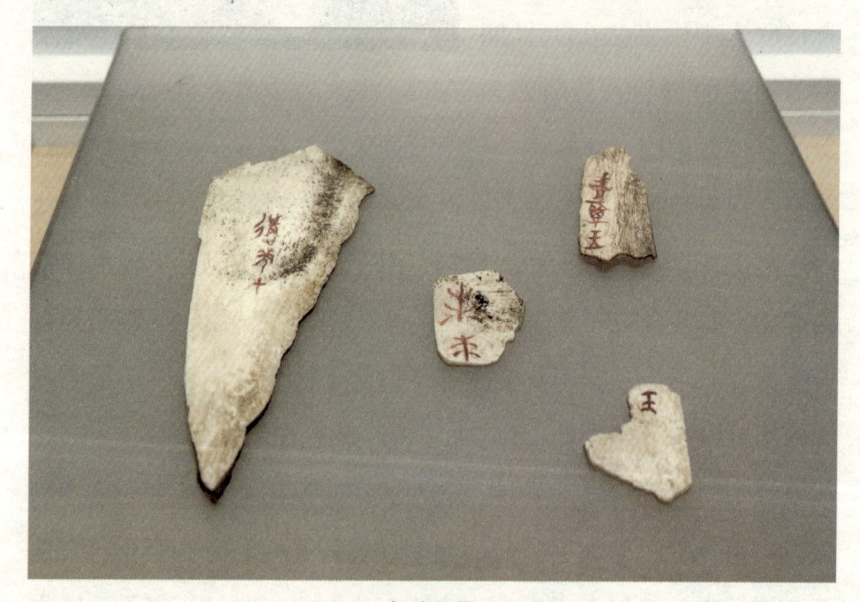

卜辞甲骨

**甲骨文拓片**

上：辛卯卜㲋牛一
下：辛卯贞勿正奉祸
犬五豕四㓐卯

己亥卜永贞翌庚子饮
王固曰兹惟庚雨卜之雨
庚子饮三㱃云□其既
祁启

刀和出刀处常显出锋迹，形成倾斜角度不等的切面。这种独特的笔画形态、结体方式体现出殷商甲骨文书法的艺术情趣，显得质

第二章 甲骨文概述 / 43

朴天真，同时也造就了甲骨文书法中占主流的基调和风格。

（2）与单刀直接刻契所不同的，是复刀刻成的甲骨文。它是先用笔墨书写，然后再按照墨迹的点画形态进行刻契，从而形成了不同于单刀刻契型的另一种风格，专家称之为肥雕摹刻型甲骨文。肥笔书写之后，精心雕镂，刻出的字厚实壮观，凝重遒劲。历代碑林雕凿之法均出于此。这一类甲骨文因相对费时、费工，数量极少。

### 三、刻字饰色

与先书写再刻契相反，还有不少甲骨文是刻契后再涂朱、墨或褐色。文字涂朱者鲜色夺目，涂墨者乌亮有神，涂褐者古朴典雅，各具风采。

## 第四节 甲骨文刻契方法

甲骨文大部分是刻契所成，偶见少量的毛笔书写。甲骨文的刻契工具，主要是用青铜或玉石刀双面刀锋刻契而成。在商代，比较坚硬的制器就是铜器和玉器。

通观五个时期的甲骨文，在刻字方法上基本没有什么变化。刻写工具既不是现在制作印章时使用的单刃刀，也不是篆刻家使用的双刃刀，而应是与手工用的三角凿属于同一类型的工具，刀刃非常锋利。如果不使用这样锋利的工具，就难以出现那样的粗线条。在殷墟遗址中出土过一定数量的青铜刀和玉质刻刀，不难推想出当时贞人用这些刀具刻契甲骨文的情景。

占卜以后，将所卜之事刻契于卜兆旁边，谓之卜辞。刻写卜辞是属于最后一道占卜程序。龟甲、兽骨非常坚硬又不易腐朽，在龟甲、兽骨上面刻写文字确实不易，而能刻写出严整巧丽的书法更难想象；况且，在那个时代所能有的铜刀、玉石刀，也不可能像今天的白钢刀、含碳钢刀这样锋利，在龟甲、兽骨上刻字显然很困难。据专家推论，大致会有以下几种刻契方法。

## 一、先书后刻法

董作宾最早开展对甲骨文字书刻的研究,他推断殷代已经有人使用毛笔。这是因为,"我们还有直接的证据,是在卜用的牛胛骨版上发现了写而未刻的文字","毛笔书写之字,墨色因年久而又经洗刷泥土之故,业已淡黄了,但又侵骨里,永久不退"。他根据一些卜辞只刻竖笔而缺刻横笔等现象推测:"卜辞有仅用毛笔书写而未刻的,又有全体仅刻直画的,可见是先书后刻。卜辞既经写过,就一手执版,一手捉刀,为的是版向着自己,所以就先刻纵笔及斜笔,刻完了,横转过来,再一一补足横画。如果不写而刻,那么在每一个字的结构上,稍繁的便不容易刻,何况每一笔画又须刻两面刀锋?一个字犹难先直后横,何况全行?何况全版?"

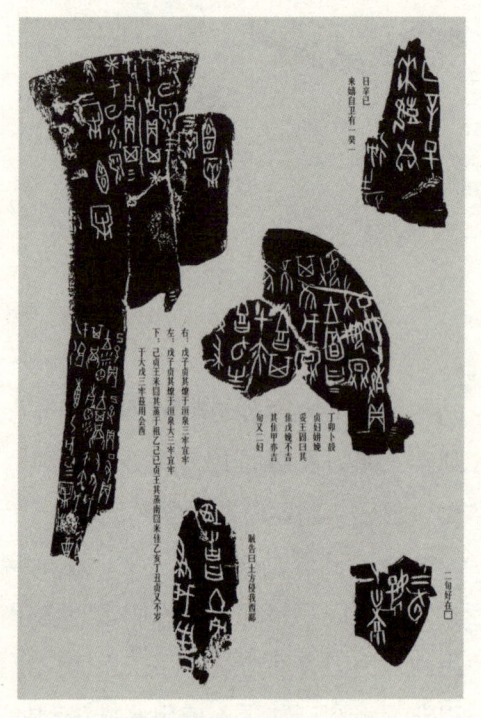

**甲骨文拓片**

他认为:甲骨文字先书后刻,刻契之法有单锋、双锋、平锋之别,笔顺先直斜后横画,工具有毛笔、青铜刀和玉石刀。这种刻契方法似乎比较合理。只有先书后刻,才能较好地保证一字一气呵成，而且局部先横后竖也不易漏掉笔画，况且刻契中曲笔、折笔屡见不鲜，非简单的横竖刻契所能了事，运刀用力也须十分谨慎，因此先书为底，宜于审势用刀。另外，对于个别刻契技艺尚不成熟的贞人来说，要想使刻契出来的文字工整美观，势必先用笔书写底稿。在考虑通篇结构和字形美观上，也应先写后刻。另外，毛笔书写具有一定的更改余地，写得不理想，可以涂去重写。

胡厚宣的观点略有不同，他认为甲骨文一般是先写后刻，也有熟手不写而直接刻契的。如果是生手，不书写而刻契则难免出现错字、夺字、衍字等现象。

## 二、直接刻契法

陈梦家认为甲骨文是直接刻契而成。他的理由是："刻辞有如蝇头的，不容易先书后刻，况且卜辞所常用的字并不多，刻惯了自然先直后横，本无须乎先写了作底子。估计一般不必书写起稿，而是依靠熟练的技术，以刀为笔信手刻来而成的。"

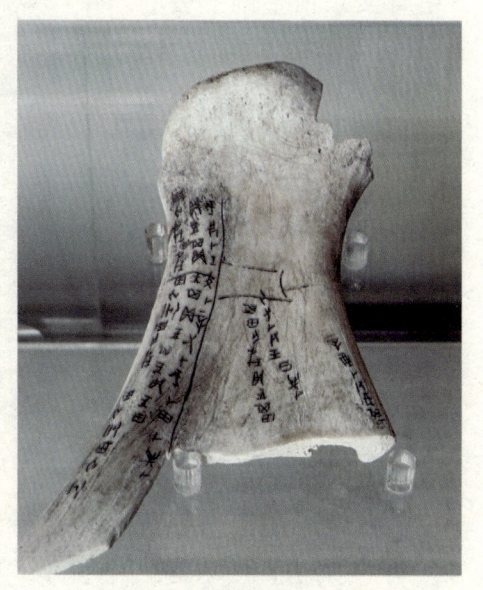

甲骨文

### 三、酸泡软化刻契法

郭沫若同意甲骨文字刻契之法是先竖斜后横画的观点,他认为,"每字先刻竖划、斜划,等全文刻完,再转移骨片补刻横划。如此只须转移一次,可以节省时间",并进而揣测甲骨质地坚硬,刻契文字时,"必然是经过酸性溶液的炮制,使之软化的";并对先书后刻说持反对意见,主张"甲骨文是信手刻上去的,并不是先书后刻",他举"习刻"甲骨为证,指出当时刻字者有惊人的技巧,是经过长期的艰苦练习而达到的。

甲骨文

### 四、大字先书后刻,小字直接刻契

这其实是一个折中的观点。有学者认为大字是先书后刻,小字则是直接刻契,因为甲骨文确有小如蝇头的,不容

甲骨文

易先书后刻。刻大字固然较难，写蝇头小字也不易，倒不如直接施刻。这就是为什么甲骨文中字越大刀笔味越少，字越小刀笔味越重的原因。特别是其中"又须刻两面刀锋"者，必是为先书后刻的成分更大些。

### 五、先直后横和单字刻契相结合

董作宾提出甲骨文字刻契的方法是"先直后横"。从行刀方便、加快刻契速度而言，此法行之有效。也有学者认为卜辞刻字基本上应是一字刻完再刻一字，而不是许多字先竖后横地刻。大多数学者认为先竖后横和单字刻契这两种方法相结合，可以说是甲骨文刻契的普遍规律。一般来说，上下结构的字，由上而下刻契完成；左右结构的字，先左后右；中轴对称的字的刻契顺序是先直后横，先上后下，先左后右。

## 第五节 甲骨文刻契的讲究

刻契甲骨文在殷商时期是很郑重、很严肃的一件事，在刻契行文方式上也有着一些讲究。之所以这样说，并不是先人留下了什么规则、刻契指南之类的文献，而是现当代的研究专家根据对甲骨文的研究而推测、概括出来的。

### 一、顺兆和犯兆卜辞

兆，即烧灼的龟甲上面现出来的裂纹，横纹叫"坼"，即兆枝，直纹叫"墨"，即兆榦。在甲骨上刻字，是沿着兆枝（也称兆坼）横出指向。若是兆坼向左伸去，甲骨文刻契就从右向左迎兆坼刻去。要是兆坼向右，甲骨文就从左向右迎着兆坼刻去，这叫作"迎兆卜辞"；凡是顺着兆坼的指向刻契甲骨文的，不论是左行或右行，都称为"顺兆卜辞"。在多数甲骨上卜辞的刻契是避免侵犯卜兆的，以便国君或者贵族讯问起来好作回答。但也有个别的甲骨文并不回避卜兆,往往跨越横出兆坼,这种现象就叫作"犯兆"。凡是犯兆的刻契,说明刻契者有一定的身份地位,或者是国王的亲属奉命刻辞,或是一些贵族私事的刻画,这种刻法打破了贞人刻辞的规律。

## 二、卜辞的行款和界划

关于甲骨文的行款,多是顺书直行,大多从上到下,如后来文字排列一样,但行列的顺序没有固定规律,左起者向右行,右起者向左行。

甲骨文拓片

但除此而外,卜辞为横书者亦不少见,而商代其他的石刻、玉刻或金文都是从右到左直行书写,极有规律,专家推测卜辞的不规则排列,是属于特例或据兆象而行的。

关于界划。一片甲骨版上刻有数辞,为了上位辞和下位辞、左位辞和右位辞有明显的区别,刻契者就画上一条直线或曲线以作区别。这条线就是"界划"。今天的东巴文书法家书写时也用此方法。

甲骨文

## 第六节 甲骨文与金文的关系

### 一、甲骨文与金文的比较及相互关系

商代除了甲骨文,还出现了石刻文字,到了商代中期后又出现了少量金文。而到了周代,金文已经发展到它的顶峰,甲骨文则只存在较小范围和较小数量的应用了。

所谓金文,是指商周时期铸刻在铜器上的文字。古人称铜为"吉金",很自然地,铜器上的铭文就称为"金文"。如上所述,在商、周两代,甲骨文与金文的存在在时间上

召卣(酒器)

有所交叉,所以,甲骨文并不等于商文字,金文也不等于周文

字，客观地说，商代文字的代表是甲骨文，西周文字的代表是金文，甲骨文、金文都作为古代文字的原始遗存。现已发现的商周有铭文的铜器三四千件，先秦时期有铭文的青铜器约6500件。容庚的《金文编》收录不重复的金文单字总数在3000个以上，已考释出来的有1800多字。

甲骨文、金文同时代并存，有些金文甚至还早于现今发现的甲骨文，如商代早期的铜器上所铸刻的族徽符号或类似图腾的绘画文字，就是图画与文字组合的标记，比常见的甲骨文更多地表现了原始文字的象形意味。在这么古老的年代，为什么流利曲线的金文竟会与几乎全由坚硬的直线构成的甲骨文同时出现呢？这主要是因为所用材料和工具的不同。

甲骨文必须刻契在平滑的龟甲和兽骨上，可以刻字的空间面积非常狭小，难以表现复杂的笔画图形。其内容只供王和贞人看，不能让其他人随意看到，因此需要尽量省略字形，实用性是其唯一目的。金文的存在则正好相反，它必须留传万世，永久保之，让子子孙孙阅读并引以为尊或引以为豪，所以，与实际使用的文字相比，金文多呈屈曲状，以便产生装饰性或郑重性效果。

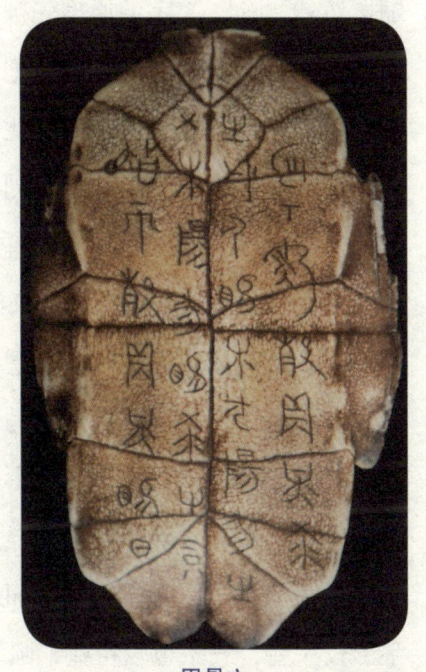

甲骨文

**青铜器铭文**

铜器铸造之前，文字的原型先被镌刻在铸范的毛坯上，而范型是用柔软的黏土来制造的，用一把竹刀或硬笔就可以轻易地完成刻写，而且可以随意表现细微变化的图形，所以金文多绘画性和装饰性。这样一来，我们就可以同时看到两种发展方向完全不同的殷商文字。二者比较，书体简单的甲骨文应该是商代常用字体，而图画性较强的金文可能是后来汉字的原始形式。

甲骨文与金文相比具有以下不同之处。

（1）由于金文多在母范上写刻之后浇铸，工艺繁复，其铸造后的笔画不同于甲骨文刻契后形成的方折瘦劲的特征，而是表现为既丰满又柔韧，点画交接处显点团状，较多地保留了母范上的文字书写笔意。甲骨文用笔细而硬，方笔多而圆笔少。金文不但字形较大些，线条也较粗些，圆笔多而方笔少。

（2）金文的笔法比甲骨文丰富，并且多厚重感，虽然在书写中有方笔和尖笔之别，但主要以中锋的圆厚用笔为主，起讫大都用回锋，常常出现斜向和环状的笔画，结体上显得开阔而灵活多变。早期金文也有起笔收笔皆露锋、首尾锋芒毕现、中间肥厚的情况，主要见于人名和族徽。金文在字形上与甲骨文相比，有的字繁化，增加笔画、偏旁，有着明显的装饰性，有的字象形性减弱，笔画出现简省现象。

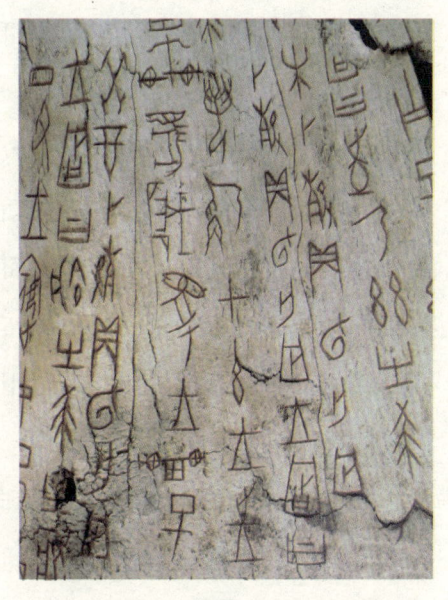

甲骨文

（3）甲骨文行款程式不统一，或从左到右，或从右到左，显得杂乱无序，阅读起来也相当困难；金文行款则逐渐固定、工整，在章法上，金文行款以竖列直书、自右向左行文最为常见，行款体现了追求统一、对称、变化的意识，比甲骨文更为

甲骨文拓片

第二章 甲骨文概述 / 55

端庄而稳定，体势恢宏，笔画凝重，有形式古朴、典雅的风格。有的甚至画好方格，在格内写字。

（4）早期的金文与甲骨文大致是平行发展的，属于同一结构体系，甲骨文异体字多，也没有完全定型化。随着历史的发展，周代金文比甲骨文有不少演进，而甲骨文结体和布局方面表现出的规律性，同时也是金文结体和布局的基础。成熟期的金文象形成分减弱，更趋于符号化，点画用笔、单字结体、章法布局都有严格的规律可循。

总之，早期的汉字由甲骨文向金文的发展中，整齐的直线为多变的曲线所取代，方正的空间亦为欹侧的结构所取代，横平竖直简单的细线条被圆润饱满、丰腴厚实的曲线美所取代。可以说，在汉字的发展进程中，金文是甲骨文的升华。

## 二、金石学的发展促进了甲骨文字的识读

金石学早在北宋时就已经有学者进行研究了。金石学是中国考古学的前身。它是研究古代青铜器和石刻碑碣的一门学科，偏重于著录和考证文字资料，以达到证补史的目的，特别是其上的文字铭刻及拓片。

马衡在《中国金石学概要》一书中为金石学作了定义："金石者，往古人类之遗文，或一切有意识之作品，赖金石或其他物质以直接流传至于今日者，皆是也。以此种材料作客观的研究以贡献于史学者，谓之金石学。"金石学的范围并不仅限于金、石的载体，因为在秦代，"金石"一词便有托于不朽的物质而永远

《益都金石录》

传承的含义。马衡将宋代以来金石学的研究范围分为两大类："其一可名古器物之学，不论其为金为玉，不论其有无文字，凡属三代、秦汉之器物，皆供赏玩者是也。其二可名为金石文字之学，不论其物质之为何，苟有镌刻之文字，皆见采录者是也。"

到了清代，金石学的研究十分兴盛，这在很大程度上与清代统治者大兴"文字狱"有关，许多文人士大夫远离政治和时事，而将研究古物作为自己的一种寄托或业余消遣。

清末民初，金石学的研究范围更为扩大，不仅包括新发现的甲骨文、简牍，也不再限于文字，凡是具有文字、图像、花纹的一切古老器物，均成为金石学家或收藏家的研究和收藏对象。与此同时，由于近代考古学的引进和逐步发展，金石学也逐渐脱离原来的陈旧研究方法，吸收了西方先进的科学观念和方法，并融入考古学、古文字学的发展视野中去。金石学与西方先进的考古思想和方法相结合，甲骨文很快被解读，罗振玉和王国维是这一时期集大成的学者。对于这些甲骨上的文字的内容，学者首先要解决怎样解读的问题，罗振玉提出由小篆上溯金文，由金文以窥甲骨文的研究方法。这是沿着文字发展的源流去寻溯。其后，王国维又提出用传统文献与这些地下宝物互相印证，称为"二重证据法"。董作宾在大龟四版及贞人的启示下提出甲骨文的断代方法，并举出了研究甲骨文断代的十大标准。就这样，专家们一步步进入了甲骨文研究的大门。

## 第七节 甲骨占卜之谜

### 一、殷商人为什么在甲骨上刻字

使用甲骨占卜在我国新石器时代就已开始了，但此时及以后很长一段时间的占卜与殷商晚期的占卜却有着很大的不同，这就是殷商的占卜甲骨上刻有文字，而此前的占卜甲骨上却没有文字。

为什么要在甲骨上刻契文字呢？殷代的帝王非常崇信鬼神，神灵的意见至高无上，所以不管大事小事，遇事都要咨询神灵。他们设想鬼神都是识字的，因此在祭祀时以文字代替口头祷告，正是这种人神之间的交流使甲骨文得以保留至今。殷王与神灵之间的对话，是由巫师兼史官的"贞人"做中介，通过占卜的方式进行。占卜的人根据龟甲、兽骨被炙烤之后的裂

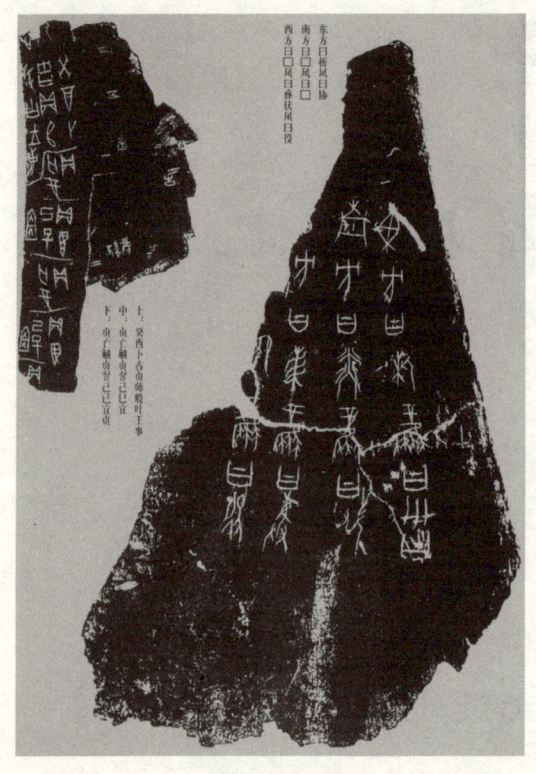

纹情况来判断事情的吉凶，贞人还要用刀子把占卜凶吉情况及应验与否的结果直接刻在卜兆的近处，有时也会用朱或墨先写在甲骨上面然后再刻契。所以，甲骨文也称为甲骨卜辞。殷墟所有甲骨兆象显示，贞人的钻、凿、灼手段谙熟而规范，排列有序，组合规整，兆坼（烧灼首次裂开的地方）大多呈卜字形，纵横有致，已摆脱了原始的杂乱无章或无兆象的两种极端现象。

**甲骨文拓片**

占卜前，先把龟甲或牛肩胛骨进行精心锯削，刮磨整齐，牛骨多切去臼角，然后在甲骨的背面钻出圆形的深窝或凿出梭形的浅凹槽。通过确定的宗教仪式，把要卜问的事情向神鬼天帝说明之后，用燃烧着的木枝在圆形深窝的中央或梭形凹槽的侧旁烧灼，甲骨正面的相应部位就会显出裂纹来，这称为卜兆。占卜的方法可分为三种：一是先施火，把牛骨放到火中烧灼后再辨识上面的纹络；二是先钻凿后再用火灼，这种方法以牛骨为多，龟甲次之；三是钻凿孔以后再灼，以龟甲为多。

可是，殷人为什么主要使用龟甲，而不用马骨、猪骨、羊骨之类的材料呢？这与先民所信奉的灵龟观念有关。8000年前淮河流域一带贾湖文化遗址中的先民，就已经产生了灵龟观念，考古学者在贾湖遗址中发现了用龟甲占卜的现象，甚至龟甲上还刻有与人的眼睛相似的原始图画文字。这种灵龟观念对当时的社会生活有着很大的影响力，并且一直传承下来，后来的典籍也记载："介虫三百六十，龟为首。"在古人看来，龟最善解人意，也最长寿。龟活的时间很久，长得又十分强壮，旱地水中都能生存，在远离大海的新疆，甚至都发现有旱龟的足迹。龟的生活节奏慢吞吞的，无论遇到什么样的危险都能处之泰然，就是饿上一年半载也死不了，古人就认为它是动物界少有的最具灵性的动物。而龟背纹理又与其他动物有着不同形状，有的呈六角形，有的呈金钱形，林林总总可查出数百种纹络来，因此人们的灵龟观念就慢慢产生出来，从而诞生了灵龟

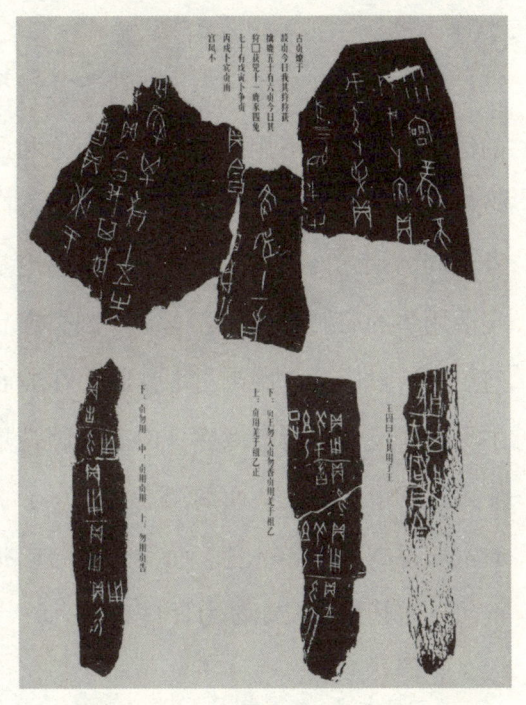

甲骨文拓片

崇拜，也是一种精灵崇拜。

那么，商代用来占卜的甲骨是从哪里来的呢？根据甲骨文中的记载，商代占卜用龟主要来自南方和西方，甲骨文上有某方进贡龟甲多少片之类记载，也有关于南方产龟的记载。与龟甲的来源不同的是，商代占卜用的牛胛骨应当是本地所产。祭祀用牛和生活用牛的肩胛骨被保存下来，刮去肉专供占卜之用，而不是带肉烹饪、食肉后才用来占卜，因为在殷商的贞人看来，煮熟后的牛骨缺少灵性，所以煮熟食肉后的胛骨是很少用来占卜的。占卜使用过的甲骨，在上面刻契了字或写了字又经烧灼过的才是我们通常所说的卜甲、卜骨。而没有施灼成兆的甲骨，虽然有的经过整治，充其量也只能称为骨料。

## 二、甲骨占卜记录是中国最早的"档案库"

在远古时期，骨卜是东方的习惯，很可能是东夷的祖先黑陶文化的传统；龟卜是南方的习惯，很可能是淮夷的祖先拍纹陶文化的传统。骨卜与龟卜本是互不相干的系统，殷人由于承袭并发展了黑陶文化，所以当他们把骨卜与龟卜同时并用之后，甚至也无法分出何事应该用骨占卜，何事应该用龟占卜了。

河南安阳小屯一带是殷商时期的首都，甲骨占卜盛极一时。由于历史的原因，殷商灭亡后，殷都变成一片废墟，殷商的典册文献也损失殆尽。其后一个时期，只有少数史料中有武王灭商后，殷都变为废墟之类的简单记载。安阳小屯之殷都被毁弃后，经过500多年的风风雨雨，到春秋末期已被称为"殷墟"。《史记·项羽本纪》载："项羽乃与期洹水南殷墟上。"自春秋以来，"殷墟"都是特指今洹水之滨的商朝后期王都故地，也就是今天的小屯村。

**河南安阳殷墟遗址**

自清朝末年发现商甲骨至今，共在"殷墟"出土15万余片，其中绝大部分是在小屯村出土的。这里作为一座立都255年的都城，历经8代12王的殷商晚期，几乎天天祭祀、事事占卜。可以想象，现在出土的殷王朝遗留之甲骨文，也只能是极少的一部分。

甲骨刻契书迹虽然多是占卜的记录，但这些数量巨大的记载却十分全面地反映着殷商时代文化和社会生活方方面面的内容。

这些刻有卜辞的甲骨，先是被殷人有意识地收藏在宫殿的窖穴里妥善地保存起来，到清末开始陆续被发掘重见天日，被历史学家称为中国古代最早的"档案库"或"图书馆"。

殷墟甲骨坑

第三章

甲骨文的发现
与早期研究

中华民族向来很自豪地称自己是"龙的传人"。那么，什么是龙呢？龙，是中国古代传说中的一种神物，在现实中并不曾真实地存在过。可以说，龙是中国人的图腾，是多个部族图腾信仰的复合体。中华民族对龙的崇拜始于黄帝，数千年的历史赋予了它至高无上的威严。

红山文化玉龙

既然龙只是一种图腾、一种象征，那么，这种东西是不是完全无迹可寻？不是，传统中医中有一种中草药就叫"龙骨"。按照民间传统的说法，山野之间龙有蜕骨，可以入药。梁代陶弘景《本草经集注》《名医别录》，汉代医书《伤寒论》《金匮要略》中都将它写入方剂。不过呢，它并不是真的龙的骨髓，其实是上古脊椎爬虫类动物如犀牛、大象等的骨头或化石，简单地说，龙骨就是风化了的古代动物骨骼。

明代李时珍在《本草纲目》中对龙骨的药用价值说得很详细，说它主治小儿、妇科和男子虚弱等各种病症；也可医治红伤，即做刀伤药。龙骨味甘平，能生肌防腐，具有解热、退热、镇静安神、生肌敛疮等功效。

甲骨文的发现和被认识，最早便是与它的龙骨身份有着紧密的联系。

龙骨

## 第一节

## 甲骨文的发现

### 一、剃头匠巧将甲骨作"龙骨"

清代末年,河南安阳一带,旱灾、虫灾肆虐。洹河南岸有一个名叫小屯的村子,这里的土地干旱情况尤为严重,同时又与其他地方不同:百姓犁地的时候,翻上来的耕土里不时地夹杂着许多白色的

**刻有卜辞的甲骨**

小片片,拿在手上看着像是干朽的骨头片,分量很轻。这东西虽然跟偶然出土的一些铜器、玉器等古物都是从土里挖出来的,但铜、玉等器物是"宝物",可以卖钱,这些不知哪朝哪代的骨头

片瞧着就没有丝毫价值，百姓耕地时无意间把它挖出来，往往随手用锄把、犁头砸碎了充作田间的肥料。我们今天已经知道，这就是殷商时期刻着卜辞的甲骨，在当年被百姓以这种方式损毁的甲骨的不计其数。

历史总是充满了偶然，谁能想到，这种甲骨被埋没甚至被无限制地毁坏的情况，是被一个普普通通的剃头匠来终结的。

这个剃头匠，姓李名成，家住清朝末年小屯村。难道说，一个乡村的剃头匠竟具备识别甲骨文的超人眼光？才不是呢。这位李成，不知何时染上了一身脓疮，脓水流淌，连衣服也无法穿。他无钱寻医买药，突发奇想，就把扔在河边的甲骨碾成粉末，涂在脓疮上，想不到他身体疮面的脓水很快就被这些骨粉给吸干了。既然骨粉有吸脓的功效，何不再大胆地进一步试验呢？他把骨粉敷到不小心用刀片划破的伤口上，血止住了。更为奇特的试验是把一根细草用唾液沾湿后，横放在甲骨上，这草却转成了竖的方向。

甲骨有这般"特异功能"的消息，很快传遍了小屯村。人们在割草、麦收和秋收时被镰刀割破了手，就用风化了的骨头捏成粉敷到伤口处，伤口不仅立时就不再流血，而且愈合很快。人们就把这些骨头当成中药土方，捡起来放到家里准备治刀伤，那几年小屯村家家户户的窗台上都放着从庄稼地里捡来的这些骨头。没有文化的老百姓认为这是神仙显灵，一些读书人则说它是"龙骨"，因为他们从《本草纲目》上查到了有关龙骨的记载。

李成挑着剃头担子走街串乡，乡下生意少的时候，也跑到距离小屯村五里路远的安阳城里给人剃头。他在给药铺伙计剃头时说自己能弄到治刀伤的"龙骨",问药铺收不收这种奇药。药铺老板让他带来龙骨当场进行止血的试验,果然见效!于是,药铺掌柜开始以六文钱一斤的低价收购。这样,甲骨以"龙骨"之名而走进了中药铺。

既然"龙骨"能卖钱,小屯村的百姓们便有意识地去挖来"龙骨"往药铺里出售。只是百姓们既没文化,又缺乏历史知识,谁也没注意不少"龙骨"上面有一些刻画的东西。

## 二、药店伙计与甲骨文失之交臂

最早注意或发现甲骨上有文字的人,并不是专家、学者,而是安阳城内中药铺收购中药材的伙计。李成每隔一段时间,就将新挖到的"龙骨"成筐地卖到中药铺。在不长的时间里,他卖到中药铺的甲骨就有几百片之多。药店伙计收购"龙骨"时,检查得很严格,发现有字的骨片时就拣出来扔到一边,因为他们认为"不合格"。从客观上说,是安阳中药铺的伙计首先发现了甲骨上刻有文字,但他们根本意识不到它们的价值,当然也就不会追根寻底去探讨这些古文字的来源。

可怕的是,李成见药店伙计挑拣出那些有字的甲骨拒收,心疼得不得了,他只好将它们背回家,用剃头刀刮去上面的字,没费多少力气就把一堆有字甲骨收拾干净,加上新收集的一些掺在一起,再挑到城里药铺二次贩卖,就把存货全部卖出去了。可是他这么一乱刮,记载着辉煌商史的甲骨文就化作尘土,一批甲骨文也就此被毁了。同时,他还开动脑筋搞自产自销,将一片片甲骨用锉刀磨成粉末,在庙会上摆起摊子,卖专治刀枪箭伤的"龙骨"粉。为了让百姓信服,他有时还会来个苦肉计,自己拿镰刀割破手指,然后撒上一点自己磨制的"龙骨"粉,血马上就止住了。这算得上由中国百姓发明的最早的产品直销广告了吧?

在李成的影响之下,清朝光绪年间,小屯村民大批挖出的甲骨不是被当作能治疗妇女病和虚弱的中药材"龙骨"出售给中药店,就是被李成在安阳每年春秋两季庙会及村镇集市上当作治疗外伤的"刀尖药"零售。据罗振常的《洹洛访古记》中记载:"购者或不取刻文,则以铲削之而售。其小块及字多不易去者,悉以填枯井。"在甲骨文被认识之前的几十年间,有大批甲骨文以这样的方式被毁灭了。

甲骨文发现地

时间久了，安阳的中药铺也把收购的"龙骨"高价贩卖到外地，经常让做买卖的药材商带些"龙骨"到京城去。这样一来，甲骨除了治疗跌打损伤，还被当成中药"龙骨"灌进了千万病人的肚子里治疗疟疾、癫痫病及妇科病等。可以说，这些病人稀里糊涂地吃进肚子的，其实是许多宝贵的殷商史料哇。

然而，就在这时，事情有了转机。

### 三、"甲骨文之父"慧眼识甲骨

正式发现甲骨文的传说之一，是在1899年夏秋之际，清朝国子监祭酒王懿荣患疟疾，在北京宣武门外菜市口的"达仁堂"药店买到了"龙骨"。龙骨上面那些像是文字的刻画引起了他的注意。研究之后，他认为这些刻有"符号"的甲骨很有价值，就着手研究，于是定名为"甲骨"，并称上面的文字为"甲骨文"。

甲骨堆

随之他以每片二两银子的高价,将达仁堂所有带文字的甲骨全部买下。此举引起轰动,文人学者及商贾竞相搜求这种带有文字的甲骨。

不过,王懿荣发现甲骨文的过程还有另外的说法。王懿荣对甲骨文并不是在吃中药时的发现,因为据考证,当时北京菜市口根本没有"达仁堂"而只有"鹤年堂"药店,达仁堂药店是在民国以后才成立的;而且吃中药也不可能发现甲骨文,因为卖到中药铺的有字甲骨已被刻去文字,并砸成一厘米见方的小碎块后才出售。那么,甲骨文又是如何进入王懿荣的视野的呢?

原来,小屯村田中在出土"龙骨"以前,小屯村一带就常有古董出土,古董商把这些东西带到南北的大城市,再高价卖给那些喜欢收藏古董的名门世家、文人墨客。山东潍县是近代重要的古董集散地,有许多人甚至世代都在做买卖古董的生意,范维清就是其中之一,他与京津城里的一些达官贵人和文人雅士都有生意往来,许多人是他的老主顾。1899年,他来到安阳,虽然收购了一些铜器、玉器,但货色都不令人满意。当他无意中看到小屯村民手中所拿的"龙骨"时,便下意识地买下十几块,带到北京找老主顾们鉴定一下,看有没有销路。因为自己也是头一回见到"龙骨",到底找哪位专家鉴定呢?他最终找到了当时在金石圈古董鉴定上有着很大名气的山东老乡、国子监祭酒王懿荣。这也就成了王懿荣发现甲骨文的传说的另一个版本。

当然,发现甲骨文还有另一个传说,是说它的发现者是《老残游记》的作者、晚清大收藏家刘鹗。一次,刘鹗到河南办事,在街上碰到一个人倒药渣，边走边倒。刘鹗俯身拾起几片仔细看了看，追上那人问是什么药，那人回答说不知道；又问在哪里买的，那人告诉了他。刘鹗到了那家药店，店主告诉他说是"龙骨"，可以治五劳七伤。刘鹗见上面有文字，看样子像是龟甲，于是认定为古代文物，掏钱将所有带字的全部买下，从此开始了深入的研究。

但是，被中国文化界及甲骨学界所公认的甲骨文的第一个发现者是王懿荣。而刘鹗在甲骨文的初期研究上，也作出了不可磨灭的贡献。

严格地说，王懿荣也不是第一个见到和发现甲骨文的人。在王懿荣接触甲骨文之前，古董商最初是带着甲骨文找到在天津金石学界小有名气的王襄与孟定生，王、孟二人虽然认定甲骨上的文字是"古简"，但二人的名望不具权威性，古董商就又把甲骨文带到北京，找金石学界的权威王懿荣鉴定。从此，甲骨文才被世人认知，世人也就理所应当地尊称王懿荣为"甲骨文之父"。

## 四、王懿荣与清代金石学

王懿荣（1845—1900），山东烟台福山人。字正儒，号廉生，清末著名金石学家。《清史稿·王懿荣传》中说："懿荣泛涉书史，嗜金石，翁同龢、潘祖荫并称其学。"

王懿荣，出身于烟台福山一个封建士大夫家庭。他的家庭为儒学世家，祖父、父亲都曾出仕为官，官声、学问名重一方，亲戚中也有如郝懿行、缪荃孙等国学大师级的人物。在此氛围中长

王懿荣像

大的王懿荣,自幼就熟读经书,一生亦宦亦学。他的志趣与真爱并不在仕途,而是在收藏和研究金石文物、古籍字画方面。受家学影响,他从青少年时代就对金石古物抱有浓厚的兴趣,具有深厚的学术积累和丰富的鉴定经验。在考中进士之前,他就已名满京师,士子争相结交以为风雅。在京任职期间,他常到古玩市场寻求,虽然手头上钱不多,但见到古物就买,有时甚至卖掉自己的衣服购买。如有心仪古玩,不惜重金求购,有时竟至于典卖妻子家人的首饰物品。

王懿荣只活了56岁,但他一生历经道光、咸丰、同治、光绪四朝,是清王朝由盛转衰,逐步走向没落的时期,这一时期由于考据学的发展和需求,金石学研究出现了空前兴盛的局面。

王懿荣研究古文字和金石学方面的成就十分突出,一生在金石学研究方面用力最勤,代表性著作当数《汉石存目》和《南北朝存石目》。他在金石学方面集藏古、鉴古、释古、传古于一身,收藏丰富,鉴别精确,是晚清金石学领域对古器物及铭文考释多有创见的杰出代表。作为这一时期内金石学界的重要代表人物,他的交游囊括了此间大部分重要的金石学家,如陈介祺、潘祖荫、吴大澂、罗振玉等。他对金石文字的用心之笃敬、学术之精博和耿善助人的品质，为金石好友和士人所倚重，所谓"海内学者奉为山斗"，实则充当了金石学领域一时的领军人物，考察其行迹，即牵动了一个群体、一个"金石圈"。

中日甲午战争爆发，担任国子监祭酒之职的王懿荣作为一位文臣、学者，在国家危难之际，毅然请缨回籍兴办团练，以御倭寇。不久，他又奉旨回京。1899年8月14日，八国联军攻到了北京城下。听到八国联军攻打东安门的枪声，王懿荣深愧两宫被惊扰，而自己无能为力。他在第二天早晨得知，在八国联军入城之际，慈禧太后把光绪皇帝的珍妃推入井中害死，并携带光绪皇帝等化装逃跑了。

王懿荣位于内城东安门外锡拉胡同11号的住宅，与皇宫相距甚近。住宅后的庭院里有一口大井。平常为了安全起见，在井口上放着一块大横石，并有一个围栏。8月15日，听着外面传来的枪声和百姓

**王懿荣书法**

的惨叫声，又看到天空浓烟滚滚，烈火冲天，王懿荣感到以身殉国的时候到了，他用楷书在纸上写下了绝命词："主忧臣辱，主辱臣死。于止知其所止，此为近之。"

后来，他先是吞金与铜钱，两次自尽未果，再一次服毒，又未如愿，最后毅然投入井中，时年56岁。

## 第二节

# 甲骨文的早期研究

### 一、刘鹗整理出版《铁云藏龟》

刘鹗（1857—1909），清末江苏丹徒人，曾亲历实业活动、文化整理等事业，涉猎过许多领域，都取得了相当的成就，如果要为他贴上一个"某某家"的标签的话，可以贴上这样一些：小说家、诗人、哲学家、音乐家、医生、企业家、数学家、藏书家、古董收藏家、水利专家、慈善家。不过，他为文化界

刘鹗像

所公认成就最大的有两个方面：其一是他创作的长篇小说《老残游记》为清末谴责小说中的翘楚之作，其二便是他对甲骨文的研究和贡献。

当1899年王懿荣发现甲骨文的时候，刘鹗正在北京候补知府。他是著名金石学家吴大澂的学生，也涉猎金石学，所以与王懿荣的关系也极为密切，时常到王懿荣家中求教。平时，王懿荣邀集名流学士小聚，也少不了请刘鹗。刘鹗比王懿荣小十几岁，据说他第一次看到甲骨文正是在王懿荣家。

王懿荣殉难以后，家道中落。加上他在世时家资大都用于购藏善本古籍和古董，几无积蓄。为了生计，王懿荣的次子王崇烈开始变卖家产，刘鹗便收下了王懿荣留下的这批珍贵遗物。

在收购了王懿荣遗留的甲骨后，刘鹗深知这些甲骨的重大价值，随即又开始广泛搜求甲骨。当刘鹗辗转得知山东潍县古董商人范维清曾将300余片甲骨卖给了浙江定海人方药雨后，便想方设法又从方药雨手中高价买了回来。同时，潍县古董商赵贽斋还受刘鹗的委托，曾"奔走齐、鲁、赵、魏之郊凡一年"，代为购得甲骨3000余片。同时，刘鹗又派他的儿子刘大绅亲往河南搜罗购买，共得甲骨千余片。功夫不负有心人，刘鹗先后共收购甲骨5000余片，成为早期出土甲骨的著名收藏家，对甲骨文资料的保存和集中作出了重大贡献。

在大量收藏甲骨的基础上，刘鹗亲自墨拓出版了第一部甲骨文专著《铁云藏龟》。《铁云藏龟》是中国甲骨文拓片的第一次石印成书。甲骨出土之后，历经数千年的沧桑巨变，品质已经十分脆弱。王懿荣最初只是照着龟板描摹文字，难免失真。刘鹗使用传统技术墨拓获得的拓本，便保留住了甲骨文字的原有韵味，直到今天，虽然已经大量使用照相技术，但是甲骨文拓本形式依旧保留。

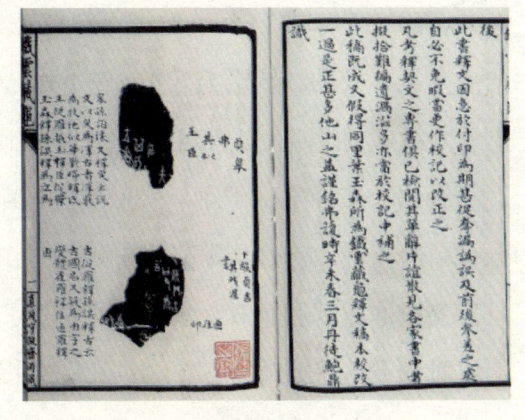

《铁云藏龟》

王懿荣是第一个认识到甲骨文学术价值的人，刘鹗是第一个对这些完全不为人知的古文字进行整理、出版的人。刘鹗积极刊布甲骨文资料，推动了甲骨学研究的发展。从此，甲骨由少数学者手中珍藏的"古董"，变为可供广大学者学习研究的"金石资料"。这也标志着甲骨文从学者书斋中的"古董时期"进入了"金石时期"。因此，《铁云藏龟》的出版有着重要的历史意义，从此扩大了甲骨文的流传范围，促进了甲骨学研究的前进。

## 二、孙诒让与《契文举例》

孙诒让（1848—1908），字仲容，别号籀顾。浙江瑞安人，晚清经学家、著名教育家。其父孙衣言（1815—1894），字劭闻，号琴西，晚号遁坡、止叟，1850年中进士，官至太仆寺卿，治永嘉之学，有"晚清特立之儒"之称。孙家历代好聚图籍，原有的诒善堂藏书多明清善本。1888年春，孙氏父子在瑞安城东虞池金带桥北营建"玉海楼",将这些古籍和乡邦文献庋藏楼中。父子二人潜心考据、校勘。该楼与宁波天一阁、嘉兴嘉业堂及湖州皕宋楼同称为清末浙江四大私人藏书楼,一时名噪海内外。

孙诒让在经学、子学、文字学、文献学、目录学、校勘学等领域卓有建树,一生共留下36种著作,特别在甲骨文字考释上具有突出的成就和贡献。郭沫若两次为玉海楼题词中,都盛赞他为甲骨文研究的创始人、开山祖,要后人"饮水思源",永远纪念他。陈梦家也说:"我以为在甲骨文的考释上,孙还是有他开山之功。他是初步地、较系统地认识甲骨文的第一人。"总之,孙诒让在甲骨文字考释研究中"有奠基之功"。可惜的是,甲骨文被人们发现是在孙诒让晚年时期,他未能有更多更充分的时间去作更深入的研究。在连续两年时间出了两部著作后不久,他便与世长辞了。

《契文举例》是孙诒让撰写的第一部甲骨文字考释专著,成书于1904年11月,却直到他去世之后的1917年才得以出版。《契文举例》也是我国第一部研究考释甲骨

**孙诒让纪念像**

文字的著作，此书是根据刘鹗《铁云藏龟》一书所收甲骨文拓本资料，对甲骨文字根据单个字功能的内容分类。

全书分为上、下两卷，5万多字，共10篇：释日月、释贞、释卜事、释鬼神、释人、释官、释地、释礼（以上为上卷）、释文字、杂例（以上为下卷），对甲骨文字的考释研究有首创之功。这也是将甲骨文按内容进行分类的最早尝试。这部书的宗旨在于文字考释，全书共考释出甲骨文字185个，其中有许多难度较大的字。尽管已经过去了近1个世纪，大量的考释文字至今还被学术界承认和采用。他将不同时代的铭文加以偏旁分析，并用来追寻文字在演变发展中的轨迹，这种方法至今被学者沿用。《契文举例》在考释文字、考释方法和编写体例方面都对甲骨学的发展作出了贡献，是一部具有重要价值的开创性著作。

《契文举例》

## 三、王襄与第一部甲骨文字典《簠室殷契类纂》

王襄（1876—1965年），晚清举人，祖籍浙江绍兴，世居天津，字纶阁，初号符斋，因获王懿荣旧藏中白旅簠并以之名室，故别号簠室。他年轻时即酷好古文字研究，与天津另一秀才孟定生，是与王懿荣同时期的殷墟甲骨文的最早鉴定和购藏者。王襄

王襄

7岁入私塾，熟读经史辞章。20岁以后，开始研究金石学，1906年考入京师高等实业学堂学习矿科，毕业后，曾奔波江南五省，长期担任文牍工作，晚年返津从事教育工作。他工篆书，精篆刻，但一生主要精力用于甲骨文的搜购和研究方面。

由于受清末好古藏古风气的影响，王襄平时也喜欢收藏古董。古董商也经常带古物到他家里兜售。范曾将甲骨之事与王孟交流过，次年也就是1899年冬天，潍县古董商范寿轩来到天津，把在小屯收购的"龙骨"拿给王襄看，正好孟定生也在场。这些甲骨有大有小，形状不一，有的像龟板，有的像一般的骨头。用手拂去泥土浮尘，隐约可以看见类似文字的刻画。经过仔细辨识，有些刻画里似乎还能看到朱砂似的东西或颜色。当时王襄、孟定生也觉得这些甲骨很有意思，就从范手里购买了一些用于研究。

王襄曾潜心研读过《说文解字》，对上古文字也有一种特殊的偏好。虽然限于当时财力难以购买较多的甲骨文，但到1899年以后，由于社会动荡，求购甲骨文者比较少，而盗挖出土量又极大，价格日低，王襄趁机倾囊搜购，其收藏竟也超过4000片。有了甲骨文，他便潜心研究起来。尽管历经艰难困苦，他手头的藏品却始终没有散失。

　　1937年以后，王襄失业在家，生计艰难。天津"大罗天"一带的古董商为了赚钱，常去他家游说将甲骨文卖给日本人。王襄为了不使这批珍贵文物流失国外，推说甲骨文早已存放内地。他自己宁肯典卖衣服和家中什物勉强糊口，也不要日本人出的"高价"。1945年抗战胜利以后，北京藻玉堂书店的一位老板和几个学校的负责人赶到天津，要高价购买他收藏的甲骨文，并反复纠缠了1个多月。虽然这时王襄一家生活十分拮据，但他仍

**王襄书法**

不为重金所动，断然回绝了他们。王襄曾说："甲骨文是祖国的瑰宝，现在没有新的发现，将来也不会发现很多。卖给那些外国人建立的大学，将来也会流失异邦，等到中国人想研究就困难了！"

　　王襄在购买、保护甲骨的同时，还努力对甲骨上的古文字进行考释研究。

　　1920年，王襄编纂出版了甲骨学史上第一部甲骨文字典《簠室殷契类纂》。全书有《正编》14卷，《附编》1卷，《存疑》14

卷,《待考》1卷。《正编》收录可识文字873字,重文2110字;《附编》收录243字,重者98字;《存疑》有1852字,《待考》有142字。在每字之下,不仅有释义,而且引用整条卜辞作为辞例,既可使读者了解有关文字在卜辞中的位置和意义,还可使读者清楚出现该字的卜辞所记载的商代社会历史方面的内容。全书具有编次清晰,检索方便,字辞相照,可综观全体等优点。王襄《簠室殷契类纂》一书所开创的这一编辑字书的体例,对后来大型工具书的编纂有重大影响。

1923年,王襄又根据自己掌握的甲骨文资料,编纂成《簠室殷契征文》一书。此书直到1925年才得以出版。书中公布了他收藏的4000多片甲骨文中的精华1135片,为甲骨学商史研究提供了一批珍贵资料。这是甲骨学史上第一部把甲骨文分类著录的作品,有利于资料的检索和利用。

中华人民共和国成立以后,王襄对甲骨文研究依然热情不减。1952年,他出任天津文史馆馆长,毅然将毕生搜购珍藏的甲骨文全部捐献给国家,由天津历史博物馆收藏。1953年,78岁的王襄完成了《殷代贞史待征录》一书,这成为他晚年的代表作,有很高的学术价值。虽然王懿荣是在1899年最早鉴定并购藏甲骨文,但1900年八国联军进入北京,服毒投井以身殉国,所以还没有来得及对所藏甲骨文进行全面系统研究,因而也没有留下有关此学的记述,王襄不仅有较早鉴定、购藏甲骨文之功,还有不少著述传世,对甲骨学的发展和研究作出了贡献。

## 四、"甲骨学西方学者第一人"明义士

甲骨文让普通中国人都感觉相当神秘，可是有谁会想到，有一位外国人，竟会对最古老的汉字——甲骨文有着极其深入的研究，并且在收藏、鉴定等方面有着卓越的才能？这个外国人，他的中文名字叫明义士。

明义士（1885—1957）出生于加拿大，原名孟席斯·詹姆斯·梅隆。

明义士像

大学毕业以后，他入神学院进修。1910年，25岁的明义士奉加拿大长老会之命，来中国豫北地区传教，他初在武安，后来到安阳。当时安阳县城的洋教堂在北门外。明义士对中国传统文化有着特别的兴趣和爱好，为了表示他的虔诚，他甚至把自己的名字也改得带有中国特色，取孟席斯的谐音，叫作明义士。明义士在传教之暇，潜心收集和研究殷墟出土的甲骨文、铜器和玉器等古代文化珍品。他在安阳期间，一面传教，一面收集和研究甲骨文，最终成为闻名世界的中国文物收藏家和甲骨文学者。

甲骨文发现初期的收藏大家，多为身居京师的达官贵人，藏品大多是通过古董商之手购得，很少有人亲自到安阳甚至小屯考

察和实地收藏。明义士的特别之处就在这里。他从1910年来华传教的20多年,大部分时间都是在安阳度过的。

说起明义士与甲骨文的亲密接触,还有一段故事呢。据说,他曾在教堂西北方向的田地边散步,在一条流着水的沟岸边看到有一些被冲洗得干干净净的白色的甲骨片片,有的上面似乎还有文字,他便顺着踪迹找到小屯村。后来他又找来《安阳县志》,发现这一带古时就有"龙骨"发现。1914年春,当他得知甲骨文出在小屯村后,就经常骑着自己养的一匹老白马,早晚徘徊于洹水南岸,查看古物及甲骨文出土的情形,并热衷于收集购买更多的甲骨。他一方面亲自到小屯村直接向农民收购,一方面又通过古董商间接购买。

为了收集甲骨,明义士利用驻安阳长老会牧师的身份,多次亲至小屯村调查,并在其后来所著《殷墟卜辞》的"序言"和《甲骨研究》中作了详细叙述。

明义士传教,由于钱来得容易,出手也大方,小屯村的农民和古董商都愿意和他打交道,并把甲骨卖给他。到1917年,据他自称,已收藏甲骨约5万片。1924—1927年,他又购买了很多,总数当在5万多片。只要看一下明义士的收藏规模就能知道他手中的甲骨是一个令人咂舌的数目,他在安阳居住10多年,先后收集古物有140多箱。历经战乱,他的藏品损失掉一些,据说剩余的甲骨大约还有31500片。正是由于对甲骨的倾力收藏和研究,他被称为"甲骨学西方学者第一人",是殷商甲骨文收藏三大家之一。

## 第四章

"甲骨四堂"

在甲骨学史上有着突出贡献的学者，素有"四堂"之说，即罗振玉、王国维、董作宾、郭沫若四人。这四位在甲骨文收集、流传、发掘与研究方面都取得了举世瞩目的巨大成就。那么，人们为什么将这四位学者称为"甲骨四堂"呢？

原来，他们由于各自的字或号中恰都有一个"堂"字：罗振玉号雪堂，王国维号观堂，董作宾字彦堂，郭沫若号鼎堂，于是便有了"四堂"这么一个高度概括性的称呼。"甲骨四堂"的称法，最早是由钱玄同提出来的。对于四人之间的先后继承关系及研究贡献，古文字学家唐兰曾作如此简述："雪堂导夫先路，观堂继以考史，彦堂区其时代，鼎堂发其辞例。"在甲骨学史上，罗、王、董、郭均有其独到的贡献，正是他们的才智和努力，使甲骨学这一新兴学科由草创进入发展，进而开始深入研究，逐渐成为一门独立的并为国际学人所注意的国际显学。

在四堂之后的甲骨文研究领域首屈一指的是胡厚宣，中华人民共和国成立之初，有人就给予极高的评价，将他与甲骨四堂相提并论，诗云："胡君崛起四君后，丹甲青文弥复光。"胡厚宣以他卓越的学术成就和优秀的组织才能，成为中国当代"甲骨学研究第一人"。

## 第一节

## 雪堂罗振玉

### 一、生平

罗振玉（1866—1940），初名宝钰，字坚白，15岁时改名振玉，字式如，又字叔蕴、叔言，号雪堂，永丰乡人，晚年自署贞松老人。出身于江苏淮安书香世家。原籍浙江绍兴府上虞县永丰乡。罗家是个大家族，曾祖父留下万贯家产。罗振玉出生时是祖母主政，她治家严肃，待人至厚，这对罗振玉的一生有着深远的影响。

罗振玉像

1881年，16岁的罗振玉考上秀才，但随后几年乡试不中，便在20岁前绝了科举进身的念头，而先后在邱宪和刘鹗家教私塾，任西学老师。他在1896年春天来到上海，自筹经费，在新马路的梅福里设立了"学农社"，并创办了中国近代第一本农学杂志《农学报》，主要翻译介绍日本和欧美农学著作。1898年，他又与时务报馆的汪康年等一起创立了第一所日语专门学校"东文学社"。刚入《时务报》工作不久的王国维马上前去报名，罗振玉和汪康年批准他半工半读，并给予经济上的帮助，使他能安下心来工作和学习。罗振玉后来不仅免去王国维的学费，还聘他任"庶务"一职，协助

罗振玉书法

做教务管理工作,每月发给薪水。

罗振玉一生崇古好古,搜求和鉴藏古董文物。他在学术与政治两方面,都从事于"抱残守缺"的事业:在学术上,以挽救遗佚的古董甲骨文及清大库秘档等古典学术文献自任,成就了不世之功;在政治上,却以挽救衰微的清朝君主统治自任,终成南柯一梦。

罗氏一门所学,也多属罗振玉本人学术旨趣的延伸。其胞弟罗振常(1895—1942),字子敬,号心井、邈园,从事文献学,精通文史,尤其在版本目录学方面有很深的造诣,不仅在上海自办"蟫隐庐"书店,他辑集的《史可法集》和《洹洛访古记》等都有很高的学术价值。长子福成、三子福苌,皆攻西夏文;四子福葆,治金石、文字学;五子福颐,专治玺印;长孙继祖,精研辽史。

1911年辛亥革命后,罗振玉去日本侨居,东渡时携藏书甚多,据称"图书长物百余箧",以至日本人惊叹为"数量之多,实在惊人"。初寄存于京都大学,与王国维共往整理,后来罗振玉购地自建"大云书库"一所,遂移所存之书于书库之中,以著书遣日。"大云书库"是罗振玉的私人藏书楼,内藏甲骨文、碑碣、墓志、金石拓本、法帖、书画等30余万册,大多是罗振玉历时40余年,辛苦搜讨,花巨资购买,其中不乏稀世之宝,善本孤本占有一定的比例。

1928年罗振玉携眷属定居旅顺太阳沟的扶桑町,即今洞庭街,在其私宅后边购地二亩,建立一座藏书楼和一座住宅,将全部藏书大约6000麻袋移此收藏。他先后在长春任伪满洲国参事府参事、伪监察院院长等职。1937年退职，又回旅顺居住，并致力于整理刊行所藏古文献史料。1940年，罗振玉病逝于旅顺。

## 二、甲骨文研究成果

罗振玉是最早的甲骨文收藏者之一，更是甲骨文收藏三大家之一。1899年，王懿荣发现甲骨文之后不久，罗振玉就知道了这件事。据他自己说："光绪己亥，予闻河南之汤阴发现古龟甲兽骨，其上皆有刻辞，为福山王文敏公所得，恨不得遽见也。"这说明罗振玉的消息十分灵通，在甲骨文被发现并被认识的当年就知道了一切情况。

1902年，罗振玉在上海刘鹗家中首次目睹其收藏的诸多甲骨文，便肯定那些刻画在甲骨上的线条和图案是一种罕见的文字。当时，他的心情极为兴奋，摩挲很久，"诧为奇宝"，并叹甲骨文之为物，"汉以来小学家若张、杜、扬、许诸儒所不得见也"。当刘鹗收藏日益丰富之后，罗振玉就竭力鼓励刘鹗尽快将甲骨文墨拓并著录出版公布于世。刘鹗答应后，罗振玉亲自帮其选拓，并为之作序，最终促成《铁云藏龟》一书的出版。

1906年，罗振玉因为在兴办教育上所取得的成就而奉调朝廷学部任参事，并在端方力邀下进京赴任。由于好古，他开始在北京有意搜购古器物和甲骨文，初由古董商人手中间接购买。此时，小屯村民盗掘甲骨文之风正盛，不断有大宗甲骨出土，而

"都中人士无知其可贵者",这给罗振玉带来了很好的机会,从此他便竭力购之,开始进入甲骨文购藏队伍行列。

从 1899 年发现甲骨文,到 1928 年前中央研究院开始科学发掘殷墟的 30 年中,中外学者共购藏甲骨文约 10 万片,罗振玉仅凭一人一家之力,搜购 3 万余片,居国内各家收藏之冠。这一功绩,郭沫若曾给予高度评介:"罗振玉的功劳即在为我们提供了无数的真实史料,他的殷代甲骨文的搜集、保藏、流传、考释,实是中国近 30 年文化史上应该大书特书的一项事件。"对于罗振玉的"牛劲",郭沫若曾称赞道:"这种热心,这种识见,可以说是从来的考古家所未有。"又说:"甲骨自出土后,其搜集、保存、传播之功,罗氏当居第一,而考释之功亦深赖罗氏。"

罗振玉在甲骨文的著录和流传方面,也作出很大的努力和贡献。除了亲手参加墨拓并鼓励和帮助刘鹗出版甲骨学史上第一部著录书《铁云藏龟》,他后来还将自藏甲骨文墨拓出版。根据所藏甲骨资料,他选编了《殷墟书契前编》二十卷,在《国学丛刊》上石印发表了前三卷,共录甲骨文 294 片。辛亥革命后他到日本居住,重新编纂《殷墟书契前编》八卷,1913 年以珂罗版印行,共收录甲骨文 2229 片。1932 年在上海重印。1914 年,罗振玉又以他所藏的大片甲骨文及字细难拓的小片甲骨文编为《殷墟书契菁华》一卷,共收录甲骨文 68 片。1916 年,他又在自己所收藏的甲骨文中,把《殷墟书契前编》所没有收录的 1104 片甲骨文编为《殷墟书契后编》。1933 年,他还根据自己所收集的甲骨文拓片编订《殷墟书契续编》,收录甲骨文 2016

片，其拓本多为刘鹗、王襄及北京大学所藏甲骨文，而新资料仅 375 片，不仅出版较早，而且印刷较精致。罗振玉这 4 本书，共收甲骨文 5000 余片，是殷墟正式发掘前出土甲骨文的最重要辑录，公布了大量甲骨文材料，为甲骨学研究提供了基本素材，推动了甲骨学研究的发展，直到现在仍对甲骨学研究有很大价值。

## 三、确定甲骨文出土地

甲骨文发现之后，由于其性质突然发生了巨大的变化，从过去仅值寥寥数文钱的中药"龙骨"，摇身一变成了一种具有很高价值的珍贵文物，而且随着收藏者的日益增多，其行情还在不断地水涨船高，最高时竟达一字四两白银，一片甲骨文买下来甚至需要花几十两银子。精明的古董商对甲骨文的真正出土地秘而不宣，当有人问起时，他们声东击西，故意制造混乱。由于当时的收藏者都是通过古董商上门推销甲骨文时予以购买，甲骨文到底出在何处，他们并不清楚，就是知道的，也是从古董商口中得知的假话。

神秘的甲骨文到底是在哪儿出土的呢？古董商为了垄断甲骨文经营，为了挣更多的钱财，他们制造出以下几种谎言。

### 1. 汤阴说

在甲骨文发现初期，就连王懿荣也被骗了，范维清只说是在河南汤阴等地。当时像刘鹗、罗振玉和日本人林泰辅、美国人方法敛等，都曾经上过当。例如，罗振玉曾说过："光绪己亥，予闻河南之汤阴发现古龟甲兽骨。"日本人林泰辅直到1909年还曾写《清国河南省汤阴县发现之龟甲兽骨》的论文，认为甲骨文就出在河南汤阴。

汤阴说有两个具体地方：一个是羑里城，一个是小商屯。例如，刘鹗在《铁云藏龟》的自序中所言："在河南汤阴县属之古牖里城"出土甲骨文，"牖里"即羑里。1910年日本学者富冈谦藏也认为甲骨出自这里，他写有《古羑里城出土龟甲之说明》的文章，予以介绍。而小商屯这一地点则来自王懿荣之子王汉章所作的《古董录》一书，书中写道："回忆光绪己亥、庚子间，潍县估人陈姓，闻河南汤阴县境小商屯地方出有大宗商代铜器，至则已为他估席载而去，仅获残鳞剩甲，为之嗒然！乃亲赴发掘处查看，见古代牛骨龟板，山积其间。"

羑里城

### 2. 卫辉说

有细心之人看到出版的一些拓片和文章中发表的甲骨文上的字，联想到他们买的青铜器上也有古文字，一对照，猜测甲骨文也许就出在安阳小屯一带。于是，古董商就下乡找到当地古董捐客替他们购买甲骨文。这些古董商也对出土地大加保密，有人对外谎称是在卫辉买的。罗振玉在查实甲骨真正出土地之前，一度听信这种说法，在其《集蓼编》中，他明确说："估人讳言出卫辉。"方法敛在 1906 年也说过类似的话："1899 年卫辉府附近古朝歌城故址，有古物发现。"

罗振玉在搜购和研究甲骨过程中，逐渐留心起甲骨文的出土地之事。对河南卫辉说，等他 1906 年到京任职时，已对其不信任了，他说："及予官京师，其时甲骨大出，都中人士无知其贵者，予乃竭吾力以购之，意出土地必不在卫辉。"

### 3. 淇县说

淇县是殷纣王灭亡的地方，有些不明真相的人把这里当成商都，所以，古董商们说淇县为甲骨文出土地，也大有人信。晚商都城朝歌确在今淇县，那里有许多龙山文化及商周时期遗址，甚至流传很多有关殷纣王的传说，但从未出土过甲骨文。有些人听说淇县出甲骨文，就专门跑到那里去购买。后来发现那里别说出甲骨文，就连青铜器也很少出。

### 4. 洛阳说

这主要是从端方身上引起的。端方作为清末大官僚和金石学家，交往甚广。他曾拿自己收购的甲骨文作为礼品送人，装甲骨文的锦盒上据说就写有"洛阳出土"4个字。这说明，端方所知道的甲骨文是出自洛阳的说法当系由古董商相告。

1908年，罗振玉准确地将甲骨文的出土地锁定在小屯村。其间在1909年罗振玉派胞弟罗振常实地考察了小屯村，罗振常回沪后，根据安阳小屯村之行的记录，曾撰写了《洹洛访古游记》该书是第一部由学者实地访察殷墟的著作，对整个甲骨研究学科的形成和发展起到"导夫先路"的作用。1910年，罗振玉出版了《殷商贞卜文字考》，指出小屯甲骨"实为殷室王朝之遗物"。自此，甲骨文的时代与性质被认清，安阳小屯村的名字也与甲骨文真正联系在了一起。

甲骨文的确切出土地被罗振玉考定出来，意义非同寻常，它使购藏甲骨文有了明确、直接的目标。那么，罗振玉是如何发现并确定甲骨文真实出土地的呢？

罗振玉和刘鹗既是朋友又是儿女亲家。刘鹗辞世前，罗振玉的女婿刘大绅先前曾经奉父命到河南汤阴一带寻找过甲骨文出土地，当然是无果而终。罗振玉也曾经打算邀约王国维一同前去河南考察，因事也没能成行。甲骨文的真正出土地也就成了罗振玉的一块心病。而《铁云藏龟》的发表，却遭到了当时最有名望的国学大师章太炎的发难。富有"牛劲"的罗振玉没有放弃，始终坚信甲骨之上刻画的是了不起的历史秘密，是一把可以打开古王朝的钥匙。

1908年，罗振玉从范维清口里套出了甲骨文的出土地——安阳小屯村。此时离甲骨文发现已整整10年。学富五车的罗振玉当然不会轻易听信古董商的口头传说，他遍翻典籍，寻找文献上的佐证。他在《史记》中找到了关于盘庚迁殷的记载，称："自盘庚迁殷至纣之灭，二百七十三年，更不徙都。"他猜测彰德府的小屯村大概就是"殷墟"所在地了。他又联想起亲家刘鹗1903年出版《铁云藏龟》时，曾断定甲骨文为殷商遗物。随后，罗振玉将甲骨文出土地与《史记》中"洹水南殷墟上"的记载联系在一起，因为小屯村恰恰就在洹河边上。

经过仔细研究，罗振玉从甲骨刻辞中释出殷帝王名谥，推导论定它确为殷王朝遗物，沿这一思路继续深究，果然殷太卜所典藏均深埋于此。这一石破天惊的大发现，令整个学术界为之一震。

罗振玉拨开古董商散布的迷雾，确定甲骨文出土地为河南安阳西北五里的小屯村。此举有五个意义：一是减少甲骨文资料的损失，有利于科研；二是扩大了对甲骨文的搜求，为学术研究提供更多的资料；三是扩大了殷墟对甲骨文以外其他出土文物的搜求；四是确定小屯为商晚期都城，对确定殷墟的性质和甲骨文的时代具有重要意义；五是使科学发掘成为可能。

罗振玉不但是金石学家，还是一位考古学先驱。1915年春天，他自日本返国后，便来到久已向往的安阳小屯村，亲自实地考察、了解甲骨文出土情况，这也是我国学者首次到殷墟进行实地考察。

他在《五十日梦痕录》一书中有详细行情记载。站在洹水之滨的小屯村外已被翻过无数遍的旷野上，罗振玉极目四望，人间沧桑，令他感慨良多。他还顺手捡起一些散落在田间的古动物化石和无字的甲骨。此时此刻，罗振玉一方面找到了一种神圣的感觉——凭直觉，这里就是典籍上记载的"武乙之都"；另一方面，他也有一个错觉，那就是他认为由于17年来的私人盗掘，小屯村地下的甲骨文已经殆尽，而发出"宝藏已空"的断言。直到12年后，董作宾来此处调查探访，才纠正了这个错误。

1916年，郭沫若在《中国古代社会研究》中讲述"卜辞出土之历史"时说："罗氏在中国要算是近世考古学的一位先驱者，他的搜藏与从来古董家的习尚稍有区别，他不仅搜集有文字的骨片，并还注意到去搜集与骨片同时出土的各种器物；在1915年他还亲自到安阳小屯去探访过一次。这种热心，这种识见，可以说是从来的考古家所未有。"

### 四、对甲骨文研究的贡献

罗振玉1910年出版的《殷商贞卜文字考》和1914年出版的《殷墟书契考释》及1927年出版的《增订殷墟书契考释》，结束了甲骨文发现"书既出，群苦其不可读也"的局面，从而使甲骨学者的研究跨越了"识文字、断句读"的障碍，逐渐步入甲骨文"究礼制、探商史"研究的佳境。

从此，我国近代学术史上又一新的研究领域开始蓬勃发展起来，并形成了一门世界性的学问——甲骨学。郭沫若《中国古代社会研究》中曾评价道："甲骨出土后，其搜集保存传播之功，罗氏当居第一，而考释之功亦深赖罗氏"，是书"使甲骨文字之学蔚然成一巨观。谈甲骨者固然不能不权舆于此，即谈中国古学者亦不能不权舆于此"。

在罗振玉之前从事甲骨文研究的学者，奉《说文解字》为圭臬，而不敢越《说文解字》半步。虽然罗振玉考释甲骨文字的方法是由《说文解字》上溯古金文，由古金文上窥卜辞，但他在研究中，既参证《说文解字》以考释甲骨文，又不为《说文解字》所束缚，而能考释出一批与《说文解字》字形不同的甲骨文，反过来纠正《说文解字》的谬误，这就比前人大大高出了一筹。

同时，罗振玉还开了用甲骨文资料研究商代历史之先河，正是他率先将甲骨文中的王名与《史记·殷本纪》中的王名相勘校。而且，由于相互影响及共同的爱好，罗振玉又时常与王国维交换研究心得，为王国维的举世名作"二考"（《殷卜辞中所见先公先王考》及《续考》）打下了基础。

在当时的社会背景和学术形势下，罗振玉不仅感到自己个人拥有中国国内最多的甲骨，故作为学者研究甲骨文责无旁贷，而且也深感庄生"吾生有涯"之叹，遂立志发愤要撰写出一部足以扭转人们对甲骨文持有的否定和怀疑观点的著作。1914年，罗振玉在《殷墟书契》（前编）的基础上，又对"大云书库"所藏数万片甲骨文进行精心遴选和甄别，随后闭门不出40多天，呕心沥血，精研细磨，终于完成了《殷墟书契考释》这一在甲骨文研究史上具有重要贡献和地位的伟大著作。

罗振玉完成《殷墟书契考释》初稿后，邀请王国维共同对其修订。罗、王两人充分发挥各自专长，既对全书细目进行协商修改，又对一些文字等考释作出了更为详细的订正，同时还采用了王国维等对甲骨文研究的一些成果。经过两人精心修订，王国维还亲自抄写了这一著作的全文，然后交由罗振玉在"永慕园"刊印，初版于1915年，1927年又出版其增订本。它不仅是对初印本的增补，而且是罗振玉在甲骨学上最后的总集，分为三卷两册。全文包括8个部分，分别从都邑、帝王、人名、地名、文字、卜辞、礼制和卜法等方面对甲骨文进行分类考释，从而奠定和指明了甲骨文研究的基础及方向。该著作一经刊印，立即引起中外学界的高度重视和评价。该书的问世，标志着甲骨学由初创时期进入全面的文字考释时期，而在文字考释历史进程中，也有承上启下的划时代意义。

关于罗振玉收藏甲骨文的规模和数量，王国维说："参事所藏凡二三万片，印于《殷墟书契》前后编者，皆其选也。"又说："丙午（1906年）上虞罗叔言参事始官京师，复令估人大搜之，于是丙（1906年）丁（1907年）以后，所出多归罗氏，自丙午至辛亥（1911年）所得约二三万片。"可见，罗振玉所藏甲骨文在当时仅次于加拿大传教士明义士。

罗振玉1940年去世后，所藏甲骨文大部分散失，其下落大体如下。

一是在罗振玉避居日本时卖了或散去许多。据胡厚宣考证，其有记录说明的，归京都大学人文科学研究所3599片，天理大学参考馆809片，东京国立博物馆225片，东京大学考古研究室113片，富冈谦藏800片……总计达5745片。

二是罗振玉旧藏甲骨文，在东北解放时颇有损失。其残存的甲骨文，现在收藏在国内各单位者尚有5883片。其中，山东省图书馆84盒1234片；北京国家图书馆32盒461片；吉林省博物馆11盒206片；吉林大学8盒107片；故宫博物院1盒15片。另外，零散没有装盒者，在旅顺博物馆有2925片，辽宁省博物馆394片，吉林大学377片，东北师范大学77片，国家博物馆1片，中国社会科学院考古研究所2片。

## 第二节

# 观堂王国维

## 一、生平

王国维（1877—1927），字伯隅，又字静安，初号礼堂，晚年以所居名为永观堂，因更号观堂，又号永观。浙江海宁盐官镇人，是书香世家，江南名门之后。王国维自幼在书堆里长大，所读之书既有祖传，也有其父历年所收藏的古籍。7岁入私塾，11岁学作诗文，还读了不少经史之外的金石书画方面的书籍。他嗜古

王国维像

籍，好考据，少年时被誉为"海宁四才子"之一。

虽然一举中得秀才，但王国维喜欢西学，渴求新学，1897年乡试不中后，便弃绝了科举求功名的念想。1898年，他踏上了赴上海谋生求学之路，进入维新派舆论重镇汪康年所办的《时务报》任文书，不久，又入罗振玉所办东文学社半工半读，学习日文、英文等，从此开始了他与罗振玉两人18年不可分割的密切关系。1927年6月，当国民革命军北上时，王国维留下"经此世变，义无再辱"的遗书，在其50岁人生学术最鼎盛之际，投颐和园昆明湖自尽。他的死也和他的学术一样，轰动学界和全社会，并留下永远难解之谜。

王国维从事文史哲研究数十年，是近代中国最早运用西方哲学、美学、文学观点和方法剖析评论中国古典文学的开风气者，又是中国史学史上将历史学与考古学相结合的开创者，确立了较系统的近代标准和方法。这位集史学家、文学家、美学家、考古学家、词学家、金石学家和翻译理论家于一身的学者，被誉为"中国近三百年来学术的结束人，最近八十年来学术的开创者"，堪称中国近代"最纯粹"的著名学者和国学大师。

在他的一生中，他给后人留下学术著译62种，他亲手批校的古籍近200种。特别是他有关流沙坠简、甲骨文和金文、敦煌学研究、魏石经考、古器物研究、开创新史学、蒙古史和元史研究等方面的大量论著，成为不少新学科的奠基之作。

## 二、在哈同花园研究、著录甲骨文

1911年辛亥革命后，清政府解体，王国维携全家随同罗振玉东渡日本，侨居京都四年多。王国维原本研究哲学、教育学和美学，由于受罗振玉及"大云书库"藏书的影响，后转攻经学、史学及文字学。

1916年，王国维从日本回国，在上海哈同花园"打工"，任上海仓圣明智大学教授。哈同花园的主人，是出生于巴格达的英籍犹太人欧司·爱·哈同，其夫人是一名混血儿，名叫罗诗俪穗，号迦陵，所以这座花园取名为"爱俪园"。1909年，哈同夫妇创建哈同花园后，先是筹办了"爱国女学堂"，接着聘请了大僧人黄宗仰到花园内讲授佛经，并创办了"华严大学"。

王国维在哈同花园筹办主持《学术丛编》期间，自创刊到停刊所发表的文章中有近一半是王国维个人的学术著述，罗振玉后来撰写的一些著作也都是通过王国维在《学术丛编》发表的。四年间，该杂志共出版发行24期，发表著述52种，而王国维一人就有24种著述刊登其上。可以说，《学术丛编》成为王国维和罗振玉在几年间发表学术研究和著述的主要阵地，而王国维也因此成为《学术丛编》名副其实的"主笔"。

哈同的"戬寿堂"收藏了1000多片甲骨文，有些是从刘鹗后人那里散出的，并未收录进《铁云藏龟》及罗振玉的《殷墟书契》。王国维认为，"殷墟遗物，片骨只字，皆足资考证"，其"佳者"的研究价值当然更高了。经他遴选排比，得"拓本凡八百纸"，编定为《戬寿堂所藏殷墟文字》一卷，并写了序；又详为考释，成《戬寿堂所藏殷墟文字考释》一卷。王国维编纂、姬觉弥具名，公布了刘鹗旧藏甲骨文655片，为学术界提供了不少重要研究资料。

  1917年，王国维在继续编《学术丛编》的同时，把主要精力投入到甲骨文研究和文字考释方面。一天，他来到罗振常创办的"隐庐书店"，闲聊中偶然发现了孙诒让《契文举例》遗稿，当即买下来，连夜翻阅，欣喜不已，并马上写信告知在日本的罗振玉。

  《契文举例》是孙诒让据刘鹗1903年出版的《铁云藏龟》写成的中国第一部考释甲骨文字的专著。正是由于王国维无意间购得并荐举，罗振玉于1917年出资将《契文举例》精装出版，使这部甲骨文字考释的开山之作得以尽快面世和传世。

## 三、甲骨文名著"二考一论"轰动学界

  经过几年时间的潜心和努力，王国维通览了刘鹗和罗振玉及哈同花园所藏诸家数以万计的甲骨文拓本，并进行了认真的研究与考释；又掌握了清道光、咸丰以后相继出土的"三代青铜重器"，如毛公鼎、大盂鼎、大克鼎以及虢季子白盘等钟鼎彝器铭文，加以考释。在此基础上，他在1917年发表了关于甲骨文研究的震惊世界的"两考一论"。所谓"两考一论"，即指王国维在哈同花园先后撰写的《殷卜辞中所见先公先王考》、《殷卜辞中所见先公先王续考》（以下简称《续考》）和《殷周制度论》这3部

甲骨文研究著述。

这3部专著的发表，对甲骨文研究的推进具有相当大的突出贡献：

《殷卜辞中所见先公先王考》及《殷卜辞中所见先公先王考续考》相继发表，奠定了王国维在甲骨学研究上的历史地位。因为他没有像罗振玉、孙诒让等那样专门考释甲骨文字，而是充分利用地下出土的甲骨文材料去研究商代历史和典章制度，极大地提高了甲骨文的学术价值，并全面深入地考证了卜辞中的殷先公先王之名，证明了"有商一代先公先王之名，不见于卜辞者殆鲜"。

陈梦家说："其主要贡献就是考证出殷商先王的姓名及其世系延递，这不仅纠正了绵延2000年的司马迁在《史记》中关于殷商王室世系中个别人名和世系次序的舛误，而且为后世甲骨文研究者破除了严重的障碍，也开拓出了一条光明而正确的学术研究之路。"郭沫若说："卜辞的研究，要感谢王国维。是他，首先由卜辞中把殷代的先公先王剔发了出来，使《史记·殷本纪》和《帝王世纪》等书所传的殷代王统得到了物证，并且改正了他们的讹传。"

王国维这两篇甲骨学史上的名作，是在考释文字的基础上，把甲骨文研究向前推进一步的重要代表作，标志着甲骨学研究史上学者们由"专研究甲骨的文字"的"文字学时期"，向"把甲骨文当作史料，由这些直接的实证史料，以考论古代的历史"的"史料时期"的发展。

在"两考"的基础上,他参照罗振玉于1917年春节时从日本带回来的新辨识出的千余字甲骨文拓片,并在研究哈同花园内所藏千余片甲骨文后,以惊人的速度和智慧,撰写出堪称当时条件下甲骨文研究的巅峰之作——《殷周制度论》。在这部著作中,王国维将甲骨文研究由考释文字、识别人名和梳理世系等,进一步提升到了考证殷周历史和制度这一更高层次,并竭力分辨出从殷商过渡到周朝时的制度衍变过程,以及商周两朝制度中的人文精髓。这是王国维在甲骨文研究史上所作出的杰出而不朽的伟大贡献。

王国维在这3部作品中虽也有考释文字,但重在治史。在研究甲骨文,特别是考释甲骨文字的方法上,王国维突破了中国"旧学"的樊篱而"另辟一新纪元",对后世学者有着深刻的影响。

王国维作为将甲骨学由文字学演进到史学的第一人,最早突破文字考释的范围,将其作为原始的史料,用以探讨商代的历史、地理和礼制。他第一次证实了《史记·殷本纪》所载商王世系的可靠程度,并根据卜辞加以纠正,又提出对商周之际礼制截然不同的独到看法。运用甲骨文治商周史,这在当时的学术界是前无古人的创举,不仅是王国维个人学术研究中的一个突出成就,更为近代学术史上一大盛事。

虽然《殷周制度论》是王国维在古文字学和古史学研究方面的结论之作,但由他和罗振玉开创的"罗王之学"刚刚兴起,即使后来因为甲骨材料大增,后世学者所取得的成就要超过王国维和罗振玉,但他们的研究依然没有偏离王国维和罗振玉当初的方向。

## 四、备受学者推崇的"二重证据法"

王国维一生在治学上，注重新发现，采用新方法。特别在甲骨文研究中，他将西方的科学方法，与清代乾嘉学派的传统考据方法成功地相结合，创立并命名了"二重证据法"。这与他年轻时就注重西方之学并两次东游日本，甚至在日本与罗振玉共同整理"大云书库"藏书不无关系。他不仅强调治学要将地下的新材料与文献古籍并重，古文字古器物之学要与经史之学相互表里，"不屈旧以就新，亦不绌新以从旧"，而且又以阙疑的态度，谨慎地对待学术问题，对甲骨文、金文的考释，力求形、音、义都能说通，因而有较多的创获。这也使他取得了前辈学者和同辈学者所不可比拟的成就。

他对古代历史独到的科学见解，源于其科学的治学方法。陈寅恪将之归结为3条："取地下之实物与纸上之遗文互相释证；取异族之故书与吾国之旧籍互相补正；取外来之观念与固有之材料互相参证"，而"移一时之风气，示来者以轨则"。

不仅如此，王国维还是敦煌学的奠基人之一。所著"二考一论"和《流沙坠简序》等，均被学界称为划时代之作。其史学论文几乎篇篇皆有创新，后汇编成《观堂集林》20卷。他把历史文献与出土资料密切参证的治史方法——二重证据法，受到国内外学术界推崇。对于王国维在学术上所作的贡献，郭沫若曾赞颂说：

"王国维遗留给我们的是他的知识的产品，那好像一座崔巍的楼阁，在几千年来的旧学的城垒上，灿然放出了一段异样的光辉。"

与罗振玉研究甲骨文相比，王国维在罗振玉研究的基础上从一开始就显得技高一筹，利用甲骨文材料研究商代历史成就最大的是王国维，是他把甲骨文从"文字时期"推向了"史料时期"。罗振玉偏重于对甲骨文字的考释和解读，王国维则以甲骨文字为切入点，利用甲骨文而开始展开对殷商历史进行划时代的研究，这在王国维后来完成的《殷周制度论》中有最深刻而完整的体现，从而使人们更清晰地再次看到公元前1300年，商代第20任帝王、英明的盘庚带领他的臣民摆脱危机从山东"奄"地西渡黄河，经过一次和平的长途迁徙，来到安阳洹水河畔，励精图治，建立了崭新的都城，并在此传8代12王，经历255年之久。

可以说，"罗王之学"既是甲骨学发展的一个历史阶段，也是1928年殷墟科学发掘甲骨文以前，以罗振玉和王国维为代表的研究甲骨学的方法论。这就是：①熟习古代典籍，②能承受有清一代考据小学音韵等治学工具，③以此整理地下的新材料；④结合古地理的研究，⑤以二重证据治史学经学，⑥完成史料之整理与历史记载之修正的任务。"罗王之学"继往开来，影响和造就了几代甲骨学者。

## 五、王国维之死

由于王国维在国学上的突出成就，1925年，胡适、顾颉刚等邀约王国维出任新成立的清华学校国学研究院院长，而他以"时变方亟，婉辞谢之"。胡适又托溥仪代为劝说，随后，溥仪亲自劝说，并下一道《诏书》，王国维才接受聘请。

1925年4月17日，王国维举家迁居清华园西院18号，16号是他的书房，三间正房的西间，三面靠墙全是书。王国维一生的字典里没有"娱乐"二字，他最常去的地方就是琉璃厂和书店，见到自己想要的书，就非买不可。他每天午饭后，抽支烟，喝杯茶，闲坐片刻，就算是休息，随后便马上开始到书房读书写作。在清华国学研究院的两年多时间里，他以精深的学识、笃实的学风、科学的治学方法和朴素的生活，影响、培养和造就了一大批文字学、历史学、考古学方面的专家学者。

1927年，北伐风声一阵紧似一阵，暑假前校方决定，研究院"学年将满"的第二届学生提前放假。为了酬谢师恩，增进同学情谊，6月1日正午为师生叙别会，这也成为王国维与清华师生的"最后的午餐"。叙别会宴席仅有四桌，研究院所有师生欢聚一堂，弥漫着一种喜庆的气氛，而王国维却像往常一样寂然无声，散席后与陈寅恪一同散步回家，并顺路到陈寅恪家中畅谈聊天。当晚，他在家里接待了来访的学生谢国桢和刘节，为两人题写了扇面，然后挑灯批改了学生们的作业，安然入睡。

6月2日，一代国学大师王国维在颐和园鱼藻轩昆明湖，面对波光粼粼的湖水纵身一跃自沉而亡，终年50岁。他自杀的原因至今还是令人捉摸不透的一个谜。在他的内衣口袋里有遗书，封面上写着："送西院十八号王贞明先生收。"王贞明是他的儿子。

《遗书》全文如下：

> 五十之年，只欠一死。经此世变，义无再辱。我死后当草草棺殓，即行藁葬于清华茔地。汝等不能南归，亦可暂于城内居住。汝兄亦不必奔丧，因道路不通，渠又不曾出门故也。书籍可托陈、吴二先生处理。家人自有人料理，必不至不能南归。我虽无财产分文遗汝等，然苟谨慎勤俭，亦必不至饿死也。
>
> 六月初二日，父字

王国维之死可以说是中国近百年文化史上难解之谜。例如，罗振玉的殉清说，陈寅恪的殉传统文化说，杨荣国的悲观厌世说，郭沫若的被逼自杀说，梁启超的恐惧北伐革命说等，虽然都在努力自圆其说，但又都无法自圆其说。当时的清朝遗老还把王国维比作屈原怀忠而自沉汨罗江，《清史稿》还为他立了个"忠义传"。

1929年夏，清华大学国学研究院停办，6月3日是王国维逝世2周年忌日，经研究院师生共同努力筹备，"王静安

《清史稿》

先生纪念碑"在清华园内落成。纪念碑由梁思成勘定碑址、设计碑式,陈寅恪撰写碑文,林志钧书丹,马衡篆额,李桂藻刻石。陈寅恪撰写碑文如下:

海宁王先生自沉后二年,清华研究院同人咸怀思不能自已。其弟子受先生之陶冶煦育者有年,尤思有以永其念。佥曰宜铭之贞珉,以昭示于无竟,因以刻石之辞命寅恪。数辞不获已,谨举先生之志事,以普告天下后世。其词曰:

士之读书治学,盖将以脱心志于俗谛之桎梏,真理因得以发扬。思想而不自由,毋宁死耳!斯古今仁圣所同殉之精义,夫岂庸鄙之敢望?先生以一死见其独立自由之意志,非所论于一人之恩怨,一姓之兴亡。呜呼!树兹石于讲舍,系哀思而不忘;表哲人之奇节,诉真宰之茫茫。来世不可知者也,先生之著述或有时而不彰,先生之学说或有时而可商,唯此独立之精神,自由之思想,历千载万祀,与天壤而同久,共三光而永光!

中华民国十八年六月二日,二周年忌日。

现在依然耸立于清华园内第一教室后面的这座纪念碑,也是近代中国文化学术的标志性丰碑。而碑文中"独立之精神,自由之思想"两句话,也成了公认的对王国维"五十之年"一生的盖棺论定而被学界广泛传诵至今。陈寅恪不仅否认了王国维自沉昆明湖是殉清或其他什么原因,还着意阐明了他的死是"独立自由之意志"的体现。也许,这应该就是王国维自沉昆明湖的真正原因。

## 第三节 彦堂董作宾

### 一、生平

董作宾（1895—1963）字彦堂，又作雁堂，别署平庐。他是"甲骨四堂"中唯一的河南人。

1900 年，在甲骨文发现的第二年，也是甲骨文之父王懿荣殉国的那一年，董作宾入私塾，并从此断续读过近 10 年私塾。1915 年春考入南阳县立师范讲习所。1921 年冬赴北京求学深造。次年在北京大学做旁听生，遍读了沈兼士和钱玄同教授的各年级

文字学，课余时间极有兴趣地用油纸影摹罗振玉《殷墟书契前编》中的甲骨文拓片。1923年至1924年，在北京大学国学门做研究生和助教，兼任国学门歌谣研究会的刊物《歌谣周刊》的编校。在北京大学深造期间，他加入了新成立的考古学会，在考古学会的收藏品中见到了甲骨文原片。1924年冬，他与庄严一起参加了点查故宫文物工作，这进一步丰富了他金石古物的鉴赏知识。1925年至1927年，他先后任福建协和大学国文系教授、中州大学文学院讲师、北京大学国学门干事、中山大学副教授等职。

董作宾不仅亲自参与殷墟小屯的田野考古挖掘，还主编有《殷墟文字甲编》（1948年）和《殷墟文字乙编》（1948—1953年）二书，共选录抗日战争以前第1次至第15次殷墟发掘出土的有字甲骨文13047片，为甲骨文的著录与传播作出重大贡献。《殷墟文字甲编》和《殷墟文字乙编》二书，开

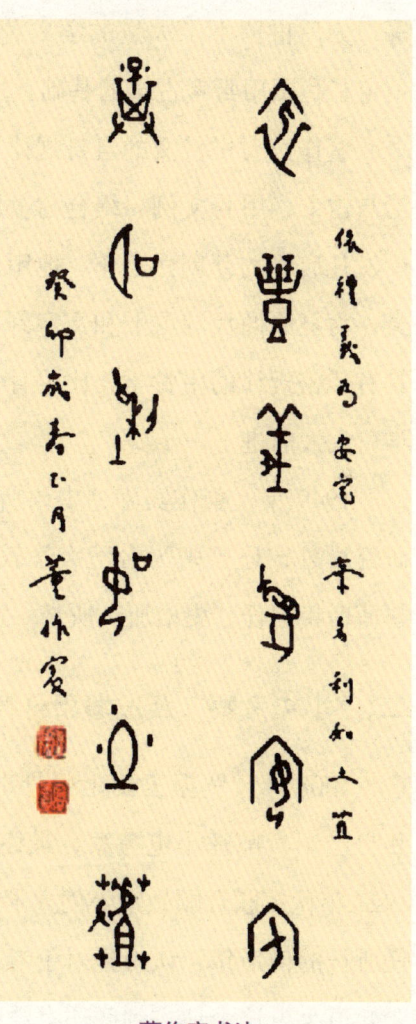

董作宾书法

第四章　"甲骨四堂"／115

创了著录科学发掘所得甲骨文的新体例，不仅为以后科学发掘甲骨文的著录树立了典范，也为甲骨文的考古学考察提供了极大的方便。

董作宾是我国甲骨学和考古学的主要奠基人之一，他知识渊博，广泛涉猎古文字学、考古学、历史学、地理学、文学艺术等，为后世留下了大量的学术著作。由他发端的殷墟科学发掘，奠定了我国田野考古学的基础，培养了一大批考古专家。

董作宾对甲骨文的自身规律和不少基本问题，诸如甲骨的整治与占卜、甲骨文例、缀合与复原、辨识伪片等方面，都做了不少发凡启例的开创性工作。他用近代考古学的方法全面整理甲骨文，为复原商代的占卜和文字刻契规律奠定了基础，使我们今天具有严密规律的甲骨学，比甲骨学"金石文字时期"的"罗王之学"大大前进了一步。

1949年，董作宾随"史语所"迁至台北市，除任"史语所"研究员外，还被聘为台湾大学教授。1951年至1955年8月曾接替傅斯年担任"史语所"所长。1963年病逝，终年68岁。

## 二、"小屯考察"及殷墟田野科学发掘

1908年，罗振玉确定甲骨出土地为小屯，他经过多次派人和自己亲自前往小屯考察，最终，他得出"甲骨已尽"的结论。1927年秋，联合顾颉刚等创立了中山大学语言历史研究所，并自任所长的傅斯年，认识到对于考古特别是甲骨的当务之急，就是要知道小屯这个地方到底还有没有甲骨，毕竟离甲骨的发现已经

过去近30年了，地下的宝贝还会有吗？傅斯年强调学术研究要尽可能地占有材料，甲骨以其独特的学术价值而受到他的重视。他选聘当时因母病回南阳的董作宾为通信员，派他调查洛阳三体石经及殷墟小屯甲骨出土情况。

董作宾赶赴安阳，亲自去小屯考察。他先是用三块大洋购买了百余块甲骨片，看到卖甲骨的多是妇女和小孩，并得知古董商到小屯收购甲骨，多是高价收大片而不要小片，一片大的要四五块大洋。随后，他又以10枚铜圆为酬金请村中霍姓女子为向导，来到了小屯村北边经常出土甲骨的地方，经过仔细查看，也捡到几片没有刻字的甲骨。

根据自己的所见所闻，董作宾得出"甲骨挖掘之确犹未尽"的结论，完成《试掘安阳小屯报告书》邮寄给傅斯年。报告中写道："甲骨既尚有遗留，而近年之出土者又源源不绝，长此以往，关系吾国古代文化至巨之瑰宝，将为无知之土人私掘、盗卖以尽，迟之一日，即有一日之损失，是则由国家学术机关以科学方法发掘之，实为刻不容缓之图。"他将自己经过思考的计划，和"分区""平起""递增"等挖掘方法以及"用工、经费、工具、时间"等安排一并函致傅斯年。他的报告得到傅斯年的认可和赞同。

正是董作宾的这次安阳小屯殷墟调查之行，开启了中国近代大规模田野科学考古的新纪元，开辟了中国史学研究的新天地，也促成了中央研究院史语所自1928年至1937年历时10年之久、先后15次进行的大规模科学发掘工作，而寻找甲骨是殷墟科学发掘的直接诱因，同时宣告了殷墟甲骨"盗掘时期"的结束，而开始了由国家学术研究机构有组织地进行的殷墟甲骨"科学发掘时期"。

安阳小屯殷墟发掘应该是真正意义上中国考古学诞生的标志，李济、董作宾、傅斯年三位学者共同努力促成了这一盛举。最早参加殷墟发掘的董作宾，后来成为甲骨文分期断代和殷商天文年历研究的主要奠基人。

自1928年10月至1937年6月，史语所共进行殷墟科学发掘15次，前后共发现有字甲骨近3万片，是整个发掘工作中收获最大的一项。可惜由于抗日战争的全面爆发，这项考古工作被迫中止。董作宾是第1次、第5次、第9次田野发掘的主持人，第2次、第3次、第4次、第6次、第7次科学发掘的参加者，并受中央古物保管委员会委托，监察第11次、第13次两次科学发掘。其中，除了1934年10月到1935年年底，在洹河北岸侯家庄西北岗王陵区的3次发掘未见甲骨出土外，其余12次均有大量甲骨出土。尤其是1936年3月开始的第13次发掘，仅在YH127坑一个灰坑内，就发现了1.7万多片甲骨，其中完整和比较完整的龟甲有300多片，因而创造了甲骨发现以来的奇迹。

董作宾不仅是殷墟科学发掘工作的重要策划和组织者，而且还亲执锄铲，身体力行，是小屯殷墟发掘的实践者。他有时作为殷墟发掘的主持人，有时作为殷墟发掘的重要参与者，全力支持并协助李济、郭宝钧等的考古现场工作。殷墟第1次至第9次科学发掘共得甲骨6513片，而第13次至第15次发掘共得甲骨18405片。可以说，大量有科学记录的甲骨的出土，都与董作宾的努力分不开。而科学发掘所得甲骨的学术价值，远非盗掘所得甲骨可与之同日而语，也是甲骨学研究走出罗、王时代的出发点，并为甲骨学研究的历史考古学奠定了坚实的基础，培养了后来一大批的考古学家。

## 三、发现"贞人""贞人集团"

在第9次殷墟发掘以后，董作宾就把工作重点转入对殷墟第1次至第9次发掘所出土甲骨文的整理和研究方面。董作宾在甲骨文早期研究中最大的贡献之一，也是他一生古文字研究最主要的成就之一，就是由他命名的"贞人"的发现，从而为其发表《甲骨文断代研究例》奠定了坚实的基础。

贞人，商吏官名，掌用龟占卜的人。董作宾在研究1929年安阳第3次发掘中"大连坑"出土的"大龟四版"时，第一次发现殷商占卜机构及其官员的存在。这一发现使董作宾的注意力逐渐集中到从古文字的角度研究甲骨文，并扩大了他研究卜辞详细内容的历史兴趣。

董作宾在1931年发表于《安阳发掘报告》第三期的《大龟四版考释》一文中，第一次指出殷墟甲骨卜辞中有记"贞人"之名的现象以及"贞人"之名在甲骨断代上的重要作用。在此之前，对卜辞中有的辞条带有"贞"字之前一字，有人怀疑它是地名、事名、官名或族名之类。董作宾发现很多卜辞开头一句中的"卜"下"贞"上一字，是记录占卜时命龟者之名，并将这种命龟者定名为"贞人"。董作宾认定在这个龟腹甲上共有6个"贞人"的名字，历经时间共9个月，6位贞人轮流主持占卜，他们既然能同时出现在一个龟腹甲上，当然应是同一时期在商王朝任职的史官，而凡是有这些贞人名字的甲骨文都应当和这个龟腹甲上的甲骨文同属一个时期，于是他提出"可以由贞人以定时代"的观点，并进而提出分期断代的8项标准，为他后来所提出的10项标准奠定了基础。

然而，经过研究发现，卜辞并不完全是记录贞人名字的，也许只是一时之风尚。一期武丁时卜辞记录贞人名字最多，而四期武乙文丁时期几乎不录贞人，到目前为止仅发现1人。

董作宾认为，商代管祭祀的官叫"史"，所以贞人也叫史官。如果把不同的贞人联系起来，就是一个"贞人集团"。他在《甲骨文断代研究例》中，将五期卜辞作了详细分析，推导出各期人数不等的"贞人集团"。

董作宾对古文字学的另一重要成就和贡献，就是论证了甲骨文是一种成熟的文字。他通过深入研究，证明甲骨文已不是文字的开始，而是一种成熟的文字，认为从中国原始图画文字诞生到甲骨文，至少经历了一两千年的历史。他甚至指出，甲骨文可以说是商代的"今文"，而当时铸刻装饰在青铜器上的比较原始的文字，如"鸟书"之类，才是商代的"古文"。

## 四、甲骨文分期断代第一人

董作宾不仅主持参加了多次殷墟发掘，还在此基础上进行了甲骨文综合研究。他把近代考古学方法引入甲骨学研究领域，取得突破性进展，使甲骨学由金石学的附属，发展成为考古学的一门分支学科。他最大的贡献就是创立甲骨文分期断代学说，对甲骨学、殷商考古学以及商史研究都产生了深远的影响。甲骨学界流传的"甲骨四堂"中的"彦堂区其时代"，就是指董作宾的甲骨文断代研究。

殷墟出土的甲骨被发现后，虽在不久后被考证出是商代晚期的文化遗物，但是商代晚期自盘庚迁殷至帝辛（殷纣王）灭亡约255年，历经8代12位商王，甲骨经历这么长时间的发展，当然应有早晚或先后的不同。在甲骨文研究的早期，学者们只是把甲骨文作为商代后期的文字和史料来研究，还不能确定每一片甲骨文的具体时代。而早在董作宾之前的1923年，王国维在对甲骨文祭祀卜辞进行研究时，就发现卜辞中在记载祭祀祖先时，对于祖先的称呼有所不同，便断定这是不同时期的甲骨文。他又根据商代晚期的商王中只有武丁的父辈为阳甲、盘庚、小辛，判断具有父甲、父庚、父辛称谓的甲骨文一定是武丁时代的甲骨文。他还根据武丁的3个儿子分别为祖庚、孝己和祖甲，判断具有父丁、兄庚、兄己的甲骨文一定是祖甲时代的甲骨文。王国维的这种依据商王世系和称谓判定甲骨文时代的方法，对董作宾的甲骨文断代研究产生过较大的影响，后来世系和称谓终于成为董作宾创立甲骨文断代的10项标准中最重要的两项。

董作宾在史语所成立到1937年的主要学术工作，就是整理、研究史语所发掘所得的殷墟甲骨文。董作宾对甲骨文开始进行分期断代研究，主要是受所谓"大龟四版"的启示，研究成果就是董作宾在1931年发表的《大龟四版考释》一文中所提出的"贞人"断代学说。在此基础上，1933年董作宾又发表了《甲骨文断代研究例》一文（载《庆祝蔡元培先生六十五岁论文集》上册），从而奠定了他在甲骨学界的地位。董作宾系统地提出了一个整理全部所有255年间甲骨文的新方案，建立殷墟甲骨文断代学说，是董作宾在甲骨文学术上最重要的贡献。这篇甲骨学史上划时代的名著也是甲骨学形成的标志，是甲骨文研究中的一件划时代的大事，把甲骨学研究推向一个全新的阶段。

《甲骨文断代研究例》中，董作宾全面论证了他的断代学说，他把断代标准确定为世系、称谓、贞人、坑位、方国、人物、事类、文法、字形、书体等10项，而世系、称谓、贞人三位一体，是分期断代的基础和核心，被称为第一标准。在此基础上，董作宾将盘庚迁殷至纣王灭亡这255年8代12王所藏的殷墟甲骨文，分为5个不同时期。而将每一片甲骨文究竟属于哪一位商王时期区分清楚，才可能从10多万片甲骨文中钩稽出商代信史。

董作宾所划分的5期为：

第一期：盘庚、小辛、小乙、武丁（2代4位商王），

第二期：祖庚、祖甲（1代2位商王），

第三期：廪辛、康丁（1代2位商王），

第四期：武乙、文丁（2代2位商王），

第五期：帝乙、帝辛（2代2位商王），

董作宾的甲骨文分期断代学说，大大地提高了甲骨文作为历史和语言资料的价值，也将甲骨文研究推进到一个全新的阶段，

具有极为深远的意义。

董作宾由"贞人"的发现到以"10项标准"和"五期分法"为经纬的甲骨文分期断代理论的创立,使甲骨文研究产生了根本性的变化。一向被人们视为混沌一片的10多万片甲骨文资料,从此鸿蒙凿破,成为可以划归前后5个不同时期而又有条理的史料。研究者不仅可据此探讨甲骨文不同时期文例、字体的发展变化,更可以探究不同时期的史实、礼制的发展变化,并把有关商代历史文化的研究建立在一个比较系统科学的基础之上。这在甲骨文研究史上是一个划时代的进步。

### 五、《殷历谱》及商代天文年历奠基人

甲骨文发现之后,为解决古代历学尤其是殷代历谱问题提供了条件。因为在卜辞材料中记载了许多有关历法的辞例,涉及年、月、日、旬、夕、干支等语词,而且殷人的一些有规律、有条理的对祖先的祭祀,如周祭的祀典,也包含着年历的内容,于是董作宾从殷代的历法入手开始进行研究,1931年发表《卜辞中所见之殷历》,1934年发表《殷历中几个重要问题》,而后"试作殷商代史料之总清理",于1936年发表《殷商疑年》。这是董作宾进行中国古代年代学研究的阶段性成果,为后来完成《殷历谱》奠定了基础。

研究中国古代历法,是一件极繁难的事,特别是春秋以前的古历。董作宾凭着自己亲身经历的殷墟发掘所积累和掌握到的第一手资料,借助多年研究甲骨文知识而得出的系列成果,潜心钻

研,全力稽考,如缀合、辨伪、残辞互补、分期断代、考释文字等。20世纪30年代,董作宾在完成《甲骨文断代研究例》之后,就开始把主要精力放在攻克"殷商疑年"这一难题上。

1938年史语所迁到昆明,生活和研究条件都极其艰难。董作宾这时已经开始了他的《殷历谱》研究与写作准备。他曾用写信的方式向许多天文学家请教过关于过去历法计算所依据的天文学和占星学的基本知识,还经常邀天文所的专家们一道研究计算方法。对他来说,此时更大的好处是当时中国最高的学术研究机构大都迁到了昆明,可谓学界精英云集,《殷历谱》的研究所涉及的众多学科考证都可以就近就便求教。

《殷历谱》于1945年4月以《中央研究院历史语言研究所专刊》名义(1963年台北艺文印书馆又影印出版)在四川李庄手写石印出版,书前有傅斯年4000多字的长序和董作宾自序。傅斯年对此书有高度评价,当时仅印了200部,数月即售罄,所以此书流传不广,见者也不多。

《殷历谱》分上下两编,上编4卷,下编10卷。它实际上是一部由殷代的历法和各种卜辞排列的历谱组成、"由谱以证历"的著作。表面上看,《殷历谱》的写作开始于1943年9月,历时仅1年零8个月,但是若从1931年发表《卜辞中所见之殷历》算起,前后研究时间约15年之久,是由《大龟四版考释》发现"贞人""断代"现象,提出"贞人说""分期断代论"后的深入研究,是甲骨文研究的进一步重大突破。

《殷历谱》是董作宾利用甲骨文资料,从研究殷代历法入手,探索殷商纪年的代表作，在中国古代年代学的研究上有着十分重要的意义。

在完成《殷历谱》之后，董作宾继续进行古代年代学的深入研究，特别是到台湾以后，从20世纪50年代初直到他逝世前，从未停止。1960年，香港大学出版社出版了董作宾的《中国年历总谱》。这是董作宾数十年研究中国古代历法和年代学的一次全面总结，至此，他在这方面的研究已形成了一个完整体系。

## 第四节

## 鼎堂郭沫若

### 一、生平

郭沫若（1892—1978），四川乐山人。诗人、作家、书法家、历史学家、剧作家、社会活动家。生于四川乐山沙湾镇。乳名文豹，学名开贞，号尚武；又名沫若，号鼎堂。

郭沫若少时聪慧，三四岁就能背诵唐诗宋词，后入私塾，十四五岁已通晓"四书五经"等传统文化经典。1913年，郭沫若考入天津陆军军医学校。1914年，赴日本继

郭沫若像

续学医，就读于九州帝国大学医科。1921年6月，与成仿吾、郁达夫在东京发起成立创造社。大学毕业后，他决定放弃医学而从事文学，并先后取得一系列辉煌的成就。1926年3月，担任广东大学文学院院长。其后，他毅然投笔从戎，参加了北伐战争，先后担任国民革命军总政治部宣传科科长、秘书长、副主任、代理主任等。当年7月底从广州出发，攻占武昌后，郭沫若担任革命委员会主席团成员，兼任宣传委员会主席和总政治部主任。1927年8月5日，随军南下，并加入中国共产党。1928年遭国民党搜捕，大革命失败后被迫流亡日本，隐居于千叶县，开始从事中国古代历史、甲骨文、金文等学习和研究。此后一系列专著的先后发表，奠定了郭沫若在学术界不可替代的地位。1937年回国后，他加入抗日救亡运动，并继续从事史学研究，终成为一代国学大师。

中华人民共和国成立之后，郭沫若曾任全国文联主席、中国科学院院长、国务院副总理、全国人大常委会副委员长等要职。1978年逝世，享年86岁。

## 二、流亡日本，潜心研究甲骨文

郭沫若从事甲骨文及金文研究，主要是在日本10年流亡时期和中华人民共和国成立前后。

1927年北伐革命失败后，郭沫若为了躲避国民党蒋介石的迫害被迫流亡日本，1928年2月从国内革命斗争的最前线退居到日本的书斋中，潜心研究中国历史和文字。

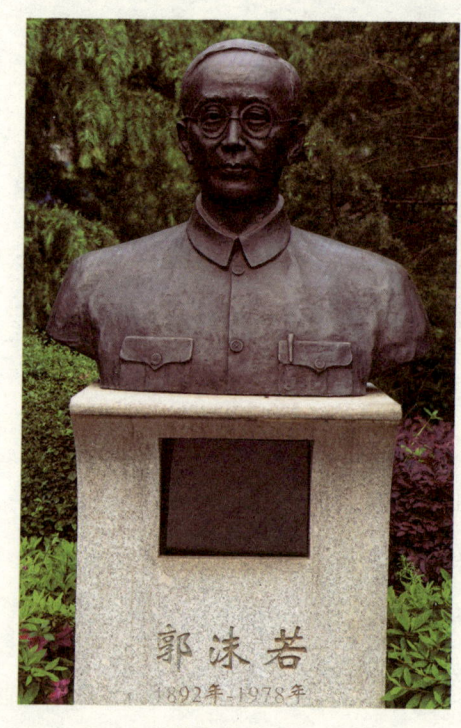

**郭沫若雕像**

在日本的10年，是郭沫若35岁至45岁精力最充沛的时期。他以极大的热情和毅力克服了重重困难，也进入他人生学术研究生涯的辉煌期。其间，他主要致力于中国古代历史和甲骨文、金文及石鼓文的研究，此外也写了不少自传性的文学作品，为了糊口还从事翻译出版。

正是在这种艰苦的情况下，郭沫若在甲骨文、殷周青铜器铭文和石鼓文研究等方面，取得了突破性和划时代的卓越成就，先后出版了《中国古代社会研究》《甲骨文字研究》《殷周青铜器铭文研究》《卜辞通纂》《两周金文大系图录考释》《金文丛考》《古代铭刻汇考》《殷契粹编》等重要学术论著，在学界引起了强烈反响。

研究中国古代历史，首先需要掌握大量的第一手资料。郭沫若与甲骨文发生联系，开始于他在日本接触到罗振玉的《殷墟书契前编》与《殷墟书契考释》。在东洋文库，他看到了王国维抄写、罗振玉著的《殷墟书契考释》，并很快读完。郭沫若是医科毕业，本来对甲骨文和金文一窍不通，但只经过几天的努力，便找到了门径,如获至宝一般钻进书里,开始了他的甲骨文研究。

很短的时间,郭沫若就基本破译了甲骨文的秘密,一个多月后,他不仅读完了东洋文库馆藏的全部甲骨文和金文书籍,并广泛涉猎了考古学的最新发现,正如他自己所说:"凡是关于中国境内的考古学上的发现记载,我差不多都读了。"他还读完了王国维的《观堂集林》。郭沫若说,到这个时候,"对于中国古代的认识算得到了一个比较可以自信的把握了"。

他在日本刚开始接触的甲骨文书籍,大多是没有任何文字考释的拓片,由于他有解读这一秘密的决心和毅力,再加上他把自己无处发泄的精力和时间全部用在了研究和写作上,历时几载,终于在中国古代历史和甲骨文、金文甚至石鼓文的研究领域中取得了突破性的进展。

之后,郭沫若已经不满足于只是看甲骨文拓片了。而流入国外的殷墟甲骨,以日本为最多。当时的日本,无论是官方还是民间,已有不少的甲骨、金文收藏。除了京都大学、东京大学、东洋文库外,三井源右卫门就收藏了甲骨300多片。在友人的帮助下,他不仅常去上野博物馆等地参观、临摹、比较、研究。同时,他也几乎访遍了当时日本所有的甲骨文、金文收藏者,掌握了大量的第一手实物资料。

在日本潜心研究甲骨文期间,郭沫若不仅重视在日本各大图书馆及书店搜求、转借第一手甲骨文书籍和拓片资料,而且非常关注当时国内刚开始的小屯殷墟科学发掘的进展,他也因为较早地接受了西方考古学的影响而十分注意吸收考古新发现和研究新成果。经过一系列的研究考证，郭沫若也发现甲骨文存在时代早晚的区别，这与董作宾不谋而合。但苦于人在日本，资料短缺，就向国内友人求助。董作宾也不仅给远在日本的郭沫若寄去了新出土的甲骨文材料，还将自己的《甲骨文断代研究例》三校稿寄往日本。郭沫若看过多遍后，取消了自己原在《卜辞通纂》后附卜辞断代表的设想，并在《卜辞通纂·后记》中对董作宾的《甲骨文断代研究例》给予很高的评价。二人虽然无缘相见，却经常互赠资料、交流研究成果。

### 三、出版《中国古代社会研究》《甲骨文字研究》

郭沫若的甲骨文研究虽然起步较晚，但是起点高，方法新，很快便登堂入室，和王国维一样充分利用甲骨文资料去研究中国古代社会，不久就写出了《卜辞中的古代社会》和《周代彝铭中的社会史观》两篇论文。1930年，上海联合书店出版了他的《中国古代社会研究》一书。该书是郭沫若以唯物史观理论为指导，参照摩尔根的《古代社会》而研究中国古代社会历史的一部重要著作，代表着新史学的发端，也是中国学者运用摩尔根《古代社会》的具体材料，对照研究中国历史的最早尝试。

在《中国古代社会研究》中收有《卜辞中的古代社会》一篇。其中第二篇的"序说"专讲卜辞出土的历史；第一章"社会基础的生产状况"，用卜辞讲渔猎、牧畜、农业、工艺、贸易等；第二章"上层建筑的社会组织"，一讲氏族社会的痕迹，包括普那鲁亚制、母权中心、氏族社会等；二讲氏族社会的崩溃，包括私有财产的发生和阶级制度的萌芽。1947年重印此书时，他在《后记》中对此书作了总结："《中国古代社会研究》出版于1930年，到现在已经整整十七年了。这在我自己是一部划时期的作品，在中国史学界似乎发生过相当大的影响。我用的方法是正确的，但在材料的鉴别上每每沿用旧说，没有把时代性划分清楚，因而便夹杂了许多错误而且混沌。隔了十七年，我自己的研究更深入了一些，见解也更纯熟了一些，好些错误已由我自己纠正。那些纠正散见于《卜辞通纂》《两周金文辞大系》《青铜时代》《十批判书》等书里面，尤其是《十批判书》中的《古代研究的自我批判》那一篇。""本书在思想分析的部分似有它的独到处，在十七年后的我自己也写不出来了。现在读起来，有些地方都还感觉着相当犀利。"

1931年，郭沫若的两部重要的学术著作《甲骨文字研究》和《殷周青铜器铭文研究》，由上海大东书局据作者手稿影印出版发行。这是郭沫若用了将近1年时间昼夜辛勤研究而写成的。

《甲骨文字研究》是郭沫若专门研究甲骨文字的一部著作，共收考释甲骨文字的论文17篇（1952年8月人民出版社再版时，删去9篇，增加1篇，共计9篇）。书中对甲骨文的考释准确精湛，如《释五十》《释籀》《释祖妣》《释朋》《释岁》《释干支》等都是脍炙人口的名篇。对于郭沫若在考释古文字方面敏锐的洞察力，许多古文字学者深表佩服。该书并不是单纯为了考证文字，而是"想通过一些已识、未识的甲骨文字的阐述，来了解殷代的生产方式、生产关系和意识形态"。此书是《中国古代社会研究》的姊妹篇，与其有相辅相成的作用。

### 四、著录甲骨文，编成《卜辞通纂》和《殷契粹编》

在研究甲骨文的同时，对流失于日本的甲骨文资料，郭沫若也进行了努力收集与公布，推动了甲骨学和商史研究的发展。他在流亡日本的10年间，曾千方百计寻访日本各公私藏家所收甲骨文，拟将日本各家所藏甲骨文汇编出版，提供给学术界进行研究，但由于种种原因而未能如愿，后来便改变初衷，编成《卜辞通纂》和《殷契粹编》二书出版。

1933年，郭沫若的《卜辞通纂》一书由日本文求堂书店石印出版，书中除取材于罗振玉的《殷墟书契前编》《殷墟书契后编》以及殷墟科学发掘所得甲骨文之外，还收录了不少日本甲骨文公私藏家和部分文博单位、大学研究机构所收藏的甲骨文精华。《卜辞通纂》正编共收入甲骨文800片，集中了当时已出版的甲骨文著录书的菁华。该书的"别录"，刊布了郭沫若在日本新收集的很多资料。"别录一"，收集了国内史语所发掘的大龟四版的拓片和董作宾在《新获卜辞写本》中曾用摹本发表过的一批甲骨中的精品22片，还有从何叙甫氏收藏品中精选的16片等；"别录二"，收入了日本河井氏、东洋文库、京都大学等11处公私藏家精品87片。《卜辞通纂》不仅总结展示了甲骨学在当时的研究成果，还反映了殷墟科学发掘时期的最新收获，加上对甲骨文字精到的考释，此书成为甲骨学史上闻名中外的名著。

《卜辞通纂》分门别类地解释重要的甲骨文，有拓片，有考释，共分八类：一、干支，二、数字，三、世系，四、天象，五、食货，六、征伐，七、畋游，八、杂纂。其甲骨文字考释精到，体例安排由浅入深，考释写在每页之后，并且每类还都有一个小结，使读者能够对殷代社会有一个系统而全面的了解。

《卜辞通纂》出版之后，1936年，恰好金祖同携刘体智所藏2.8万片甲骨的全部拓本，赴日本请郭沫若研究并选印出版。刘体智（1879—1962）是国内著名的甲骨收藏大家，安徽庐江人，字晦之，室名善斋。由于家底富裕，财力雄厚，他在甲骨文的收藏上卓有成就，共购藏甲骨2万多片，为罗振玉以后甲骨文收藏第一人。在不到1年的时间，郭沫若剔除伪造的赝品和没有价值的碎片，从中选出1595片精华，编为《殷契粹编》，而且作有文字考释，不少是精辟见解。这是一部精选独家所藏甲骨文的著作，1937年由日本文求堂出版。全书线装一函4册，加《考释》合为5册。1959年又作了修改，由中国科学出版社出版。该书体例一如《卜辞通纂》，在文字考释上对商代政治、经济、礼制、文字等方面都多有阐发，不少是罗、王诸学者所未发和遗误的，因此，在甲骨学界占有相当重要的地位。郭沫若对于甲骨文的分期也有独到而精辟的见解和贡献，许多地方都与董作宾不谋而合。另外，还论及殷人书法，谓武丁时字多雄伟，廪辛、康丁之世，字虽潦草而多姿，帝乙之世文咸秀丽，"足知存世契文，实一代法书，而书之契之者，乃殷世之钟王颜柳也"。

### 五、出版《甲骨文合集》

中华人民共和国成立以后，郭沫若向政府提出在文化部设立文物局建议并得到采纳，后又在科学院设立了考古研究所。1959年8月，他终于来到了心仪已久的甲骨出土地——安阳小屯殷墟。他冒雨踏访小屯、王裕口等村，还很有远见地对陪同人员说：将来要在这里兴建世界东方博物馆！

1978年，郭沫若又主编了《甲骨文合集》，由胡厚宣任总编辑。自1978年至1982年，13册全部出齐。这部集大成式的甲骨文著录，共选入甲骨文41956片，是历经20多年，众多学者从国内外100多种甲骨文著录书刊和分散在海内外的各种甲骨文拓本、照片、摹本以及70多处甲骨文收藏单位和个人收藏的甲骨文精选出来的，只要是有研究价值的甲骨文，几乎全都囊括了进去。在全部13册当中，前12册为甲骨文拓本，第13册为甲骨文摹本。郭沫若在《卜辞通纂》和《殷契粹编》两本书中所开创的以唯物史观为指导的甲骨分类编纂体例，也在《甲骨文合集》中得到充分的体现。在甲骨文资料的收集与整理方面，截至目前，《甲骨文合集》依然是国内外收集甲骨文数量最多、科学整理水平最高、内容最为丰富、体例最为完备、印刷最为精美的甲骨文资料合集。

郭沫若治学的最明显特点，就是大胆创新，在哲学社会科学的许多领域都发挥自己独特的见解，不仅在古史分期等重大问题的研究上有所突破，就是在甲骨文、金文、石鼓文的考释方面也有独到的创见和成就。

郭沫若对甲骨文的研究，能够在罗、王之后取得重大成果，异军突起，最重要的一点就是他能够以历史唯物主义为指导，把古文字学与古代史研究相结合，利用地下新出土和考古新发现的甲骨资料去研究商代社会历史，从而奠定了我国唯物主义历史科学的基础。他在研究甲骨文等基础上而完成的划时代著作《中国古代社会研究》《十批判书》《奴隶制时代》和主编的《中国史稿》等书，勾画出了我国唯物主义历史科学从不成熟阶段到成熟阶段发展的轨迹。郭沫若研究甲骨文的另一个特点，就是在学习和研究的基础之上对自己的见解能不断修正，并勇于作自我批评。用他自己的话说就是："差不多常常是今日之我和昨日之我作斗争。"不固执己见，而是以事实为依据坚持实事求是的科学态度，这是他取得巨大成就而成为甲骨学研究集大成者的又一重要原因。

第五章

甲骨文书法

中国书法在世界上是唯一一种由文字演变而成的艺术，源远流长，光耀千古，其最初萌芽就是盘庚迁殷后的甲骨文。甲骨文书法可以包括两个阶段：其一是3000年前的殷商时期，其二是发现甲骨文之后的百年间。甲骨文不仅对中国的文字发展产生了巨大而深刻的影响，亦可称为后世书法刻契艺术的鼻祖。

## 第一节 早期甲骨文书法

### 一、最早的甲骨文书法家：贞人

商朝人要把名目繁多的各种祭祀活动记录下来，其方式是用刀刻契龟甲、兽骨，制作成甲骨文本，也就是古人所说的永存万世的简牍。制作甲骨文这一活动，有一个庞大的组织机构和十分复杂的制作过程。据《周礼·春官》记载：这个庞大机构由龟人、垂氏、大卜、占人等 100 多人组成。其中，有一种人身居十分显赫的位置，他便是甲骨文的书契者，即刻写甲骨文字的人，董作宾认为这是由史官"贞人"来担任的。他说："卜辞中书名的贞人，也就是这一个卜辞的书契者。更由此我们可以看到许多史官的手笔，以及他们各个人的作风。"

陈梦家的观点有所不同："我们看到许多同版的卜辞，同属于一个卜人的卜辞，其字形的结构与风格不同处，正证明了卜人并不一定是刻者。"他认为商代除了有一个"贞人集团"而外，还有另外的史官专任刻契之职。中国香港学者饶宗颐考证："当日锲刻者乃别由史官任之，与贞卜者异其职掌。"商代占卜频繁，刻契卜骨数量又多，一人占卜同时刻契，就贞人来说，在占卜次数允许的情况下，董作宾之说是成立的；如果与此相反，"乃别由史官任之"，也是合乎情理的。

对甲骨文刻契者的书法艺术水平，郭沫若给予很高的评价："足知存世契文，实一代法书，而书之契之者乃殷世之钟王颜柳也。"那么，殷商甲骨文的作者究竟是谁呢？关于这个问题，目前有两种意见，即"贞人说"和"工匠之说"。

"贞人说"认为，殷代的贞人属于巫师类的神职人员，作为负责祭祀、沟通

**潘天寿书法**

人神的使者，构成了社会上的特权阶层，享有神圣的地位。因为甲骨文并不是当时社会上流通的文字，它除了有记事符号的功能外，更重要的是巫术功能。在殷代政教合一、尊神信巫的文化氛围中，整个社会对于这种神秘的符号怀有敬畏感。因此，占卜的整个程序只能由具有巫师能力的贞人来进行。

"工匠说"认为，根据甲骨文的表现状态，殷商甲骨文的形成可能有两个过程，首先由贞人写好底本，然后交给专门的工匠进行刻契，我们所看到的甲骨文是工匠们的作品。

将两种判断相比较，前一种观点即贞人是甲骨文的书契者更具有说服力。因此可以说，贞人就是殷商时代刻制甲骨文的书法家。

甲骨文卜辞由四个部分组成：①叙辞，记叙占卜的时间，地点和占卜者；②命辞，命龟之辞，向龟陈述要占问的事情；③占辞，记录兆纹情况及所得出的吉凶判断；④验辞，占卜后的结果应验情况。

贞人，商吏官名，掌用龟占卜的人。是代表商王占卜并记录史事的官员。在卜辞中，他们的名谓刻于叙辞干支之后、命辞之前，卜辞"贞"字之前一个字即为贞人名，如"亘贞""争贞""历贞""宾贞"等。考古已发现的殷商甲骨文持续了255年的历史，可以稽考的贞人多达100余位。时代不同，贞人不同，自然其书刻风格亦不同。他们各不相同的人生阅历和学问修养以及操刀的基本功表现在甲骨上就呈现出不同的刻契风格。

贞人相当于后世的史官和书佐一类的官吏，或许相当于现代社会中书记员的角色。那个时代的文化掌握在部族首领和少数辅臣的手中,掌握了文化且专司刻契的贞人也具有较高的地位。崇信鬼神的殷商时期,占卜成为与鬼神沟通的途径。当大祭司或部族首领主持了占卜仪式,解释了占卜结果,贞人就把这些内容记录下来。也许他们先用笔在甲骨上起稿,然后再予以刻契,也许就直接刻契。贞人与巫史,都是商王朝贵族中的高级知识分子,其身份类似周初及春秋时在王室任职的三公和卿士,他们同属于跟随部族首领或王者左右甚至能分享王者权力的阶层。社会分工使贞人和巫史成为令人羡慕的职业,因而也就成为当时人们的一种崇尚和追求。

　　成为贞人虽然荣耀,但却需要一个艰苦的过程。商代的巫卜教育除了祭祀的直接传授外,必然已有一定程式,同时也应有专门培养巫卜人员或贞人的教育场所。教师一定是由年高资深的老贞人或巫史担任,学生也并非来自贫寒之家。

　　甲骨文实物也证明"贞

**商承祚书法**

人"是经培训教育而成，刻契技巧也是经由训练或练习而成的，虽然占卜和行巫是一种专门同鬼神打交道的职业，实际上贞人确是当时很有知识的文化人。

贞人就像现在的算命师，除了懂历史、地理，特别还要懂风水和占星术等，殷人的祭祖、祭神活动既繁又杂，帝王之名用十干，按六十甲子日辰致祭，再按照先祖先妣排列，再按十干庙号遍祭一周。如此复杂的推算、摆布，不懂历法是很难胜任的。在这些祭祀活动中，他们又掌握了许多天象、历法等知识。甲骨文中已有刻写完整的干支表，已有日食、月食的记录，并有年历的制定，足可证明这点。此外，他们还要担任记史的职责，举凡先公世系，时王言行，军国要务，祸福灾祥，都记录在册。他们甚至还能给人看病，甲骨文中已出现"风疾"（头痛）和"痛疾"（喉病）等病名，巫咸就是驰名后代的神医。又据说"巫咸作筮"，筮既是占卜工具，也是运算筹码，与数理相关，后来的《周易》明显受其影响。而这一切都是需要培训和教育的。

贞人还是帝王的顾问或智囊，是神和帝王的沟通者。既懂天文历史和占星术，还能识古今上天或神的启示，从而影响帝王对国家大事作出明确判断，他们既是最后裁决重大事务的决策人，又是甲骨文的书契者、刻契者。贞人除负责读兆纹，还对兆纹内容的吉凶判断拥有最终发言权，帮助帝王决定政治和宗教方面的大事。专家发现，在最繁荣的武丁时期，至少有25个有名字的贞人，但在以后就很少。最后两个帝王即帝乙、帝辛甚至亲自参加占卜，绝不是偶然的。根据他们统治时期发生的某些事件战争等判断，这两个帝王亲自问卜的唯一理由是：他们可以根据自己的意志作决定，而不愿把自己至高无上的权力分一部分给贞人，或者不愿和贞人一起共享自己的权力。

综上所述，在崇尚迷信占卜的商代，帝王通过贞人的言行来表达统治者的意志，而贞人也在占卜中享受到一般人得不到的权力，有时甚至是显赫的权力，即神权有时高于皇权，帝王及贵族甚至也不敢得罪他。后来，贞人的权力越来越大，几乎可以左右王朝的局势，而帝王也许为了权力集中或易于控制，就让自己的妻子儿子当占卜官，甚至帝王自己也会亲自上阵占卜贞问。

## 二、甲骨文刻契之美

即使用现代人的文化眼光看3000年前的甲骨文，也确实十分美观，它多以直线组织为字体构件，又可见多种角度的折弯，直线透露着刚劲挺拔的艺术气质，圆笔曲线则显示着优美的特征，方直曲圆，两相互见，刚柔相济，"阴阳相和，生气出焉"。甲骨文字既可正写，又可反写，同时还有多种形体出现，字与字该收则收，该伸则伸，灵活自如，俊

卜辞甲骨

俏传神而生动，显得率真而稚拙，娴熟而沉实，不少还保留着因物取象的象形，同时又间杂着抽象的会意符号，真是千姿百态、意趣横生。

### 1. 用笔横平竖直

龟甲、兽骨极为坚硬，刻契文字以刀代笔，所以，刻契时多用直线，就是曲线也是由短的直线组成的。笔画基本上是整齐划一的等线体，首尾则多取尖势，形成了甲骨文特有的笔画犀利、坚实、挺拔的刻契艺术效果，点画整齐而偏细，却有质感和力度，这是甲骨文书法艺术的基调，具有坚瘦刚劲、刀锋锐利、横平竖直的气质和特征。

在坚硬的骨头上能够刻出如此精美的文字来，书契者必须掌握造字规则和行刀技巧。有刻契者把写在龟甲、兽骨上面的文字笔画分为横、竖两类，先将所有的竖画刻完，然后把甲片或骨片旋转90°，已经刻好的竖画就变成了横画，还没有刻的横画则变成了竖画，刻契者再按照原来的手法把这批竖画刻出来。正是这样的刻契程序，造成甲骨文"横平竖直"的特点，汉字也由此开始形成了方块字，后来的隶书、楷书也都遵循了这一审美要求。清代书法家何绍基曾在《自评》一文中评说自己的书法："惟以'横平竖直'四字为律"，这一标准，可以一直上溯到中国书法萌芽时期的甲骨文。

### 2. 古拙美

甲骨文的笔画大多为直线，两端尖而中间粗。由于书契者的个性和技巧水平不同，甲骨文的风格也不尽相同，有的刚劲、豪放,有的端整、秀美。帝乙、帝辛时期的《宰丰骨刻辞》采用"双刀法",笔画较粗,丰腴浑厚,起止运转清晰,起笔与收笔方、圆、尖皆备,已经有明显的书法气息了。

由于共同的时代审美观与相同的刻写材料和工具,即使不同风格的甲骨文却一样有着极其明显的共性:朴素自然的笔画,长方形的结字,强调对称的章法。这已完全具备了中国书法的3个基本要素:"用笔""结字""章法",应该视为中国书法之始。不过,甲骨文的笔法有方有圆,结体繁杂,同一个字的结构不一致,造型变化很大,同一骨片上的字有大有小,字与字之间的距离、行与行之间的距离也很不规范。因此,甲骨文还是一种十分不成熟的书法,属于书法的萌芽期,具有一种自然而古拙之美。

### 3. 金石美

据专家研究,甲骨文字的刀法有切、冲(推)以及单刀、复刀之别。与后世印章篆刻相比较,有异曲同工之妙。与书法的用笔之道注重腕力一样,甲骨文刻契用刀的轻重缓急、起落收放也与运腕相关。与毛笔书法不同的是其效果,毛笔书写显得婉转流畅,无受阻崩碎之感。

甲骨文虽然有细笔、粗笔之分,但用笔极其工整,下笔果敢含忍,干净有力,笔画挺拔、雄俊、犀利,痛快淋漓,力透骨背。结字自然天成,大者浑厚如矗立之山峰,小者瘦劲如出鞘之利剑。这种线条会让人从中感受到一种断石裂帛般的冲击力,特别在冲刀时,甲骨会发生碎裂,产生类似刻石的金石效果。

### 4. 结体朴素灿烂

文字在发展过程中的任何时期都有其独特的历史风格，甲骨文作为中国最早期的系统文字，更具有其时代色彩。虽有文字符号趋向，主流还是象形重意的原则，笔画增减无定，结体灵活多变，具有最灿烂的表现形态，造型上有着极大的"自由主义"随意性。这主要表现在任意繁简和任意改变结构关系上，从而把动态和静态紧密地糅合在一起，开创了甲骨文艺术灿烂的大千世界。

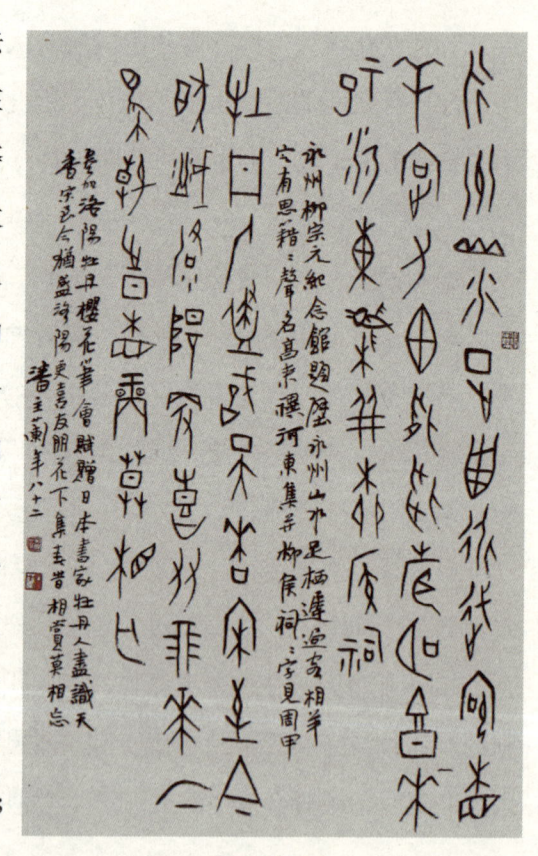

结体取势，是书法艺术的核心，甲骨文在这方面的表现更是多姿多彩。甲骨文的结体大多是重心居上，同时又有一字呈现多种结构的变化美，而复杂的组合又呈现多样统一性，如此方圆结合，开合有度，表现出原始的书法艺术形式美。从结体上看，甲骨文大多呈黄金分割比例的原则，或对称、均衡，严谨规矩；或歪歪斜斜、错错落

潘主兰书法

落，原始灿烂，从而产生法自然的动感美和变化美。

### 5. 原生态的动感美

甲骨文造字的方法已具备了"六书"的内涵，象形字是甲骨文中最早出现的部分。这类字以描摹事物的形象为基础，通过较为抽象的线条来反映对象的主要特征。甲骨文结体的一般现象，是以象形、象事两体为主。象形是就一切具体物象而言，象事则指的是无形可象的事或物之类的字。形象是审美的起点，而"形美"是甲骨文的主要审美特征之一。

甲骨文中有关动物的字千姿百态，无不形象生动，十分传神，而且结体朴素灿烂，充满了动感。此外，甲骨文对人体、器物、植物、天文、地理等大自然中的一切表象，也有着同样的创作理念。因此，甲骨文中的象形字具有绘画的一些要素和手段。它所展示的书法艺术，重点就是突出物象造型的动感之美。这与后世书法大家张旭"观飞蓬惊沙、公孙大娘舞剑"而顿发创作灵感的意趣是一致的。可见，甲骨文书法主要表现为"法自然"的抽象动感美。

### 6. 多种造型的变化美

在尚未完全成熟定型的甲骨文中，文字可用不同的构件组合而成。看似无度，实是体现了原始自然的法则。刘熙载《艺概》说："不工者，工之极也。"此语正可作为甲骨文艺术的确切写照。甲骨文的异构字和异写字所产生的诸多形体多变现象，从文字的角度来看，说明它尚未完全成熟、定型，而给文字的使用带来许多障碍。但从审美的角度来看，因其形体变化多姿而形成不同的灿烂摇曳风格，却更呈现出一种变化中的"韵味美"。

甲骨文的笔画虽然不很工整规则，但是疏密有致，根据甲骨片的形状、纹理而使形体变化多姿，结体也随字异形，大多数呈不规则的长方形、梯形、菱形、三角形、多边形、椭圆形等，规整的正方形和圆形极少，显示出独特的变化和审美意趣。

甲骨文的结体，遵从表形为主、表意为辅的组字原则。表形的字，取法自然，有极大的随意性，造型朴素，很多是把一个字写成左向、中立、右向3种形象的造型。除象形表意文字外，已有形声字出现，造型已有左右呼应、对称匀整等方法，文字结构已经接近成熟。有的构件虽然相同，但写法不同而形态各异，有的因构件的位置不同而产生不同的意味和变化之美。还有殷人巧妙地把两个字合书在一起，成为"合文"。这种合文方法不是任意的，而是有原则的，通常是数字、吉祥语和专用名词可合书。

### 7. 章法千姿百态

甲骨文千姿百态，甚至可以说是千奇百怪，最富艺术气质。这里面除了有刻契者匠心独运的因素之外，更多的大概是受到甲骨质地和占卜兆纹及刻契工具的制约，有的同一版上存在不同贞人不同时间的刻辞，因此，甲骨文无论是从宏观还是微观上都是不同于其他书体的章法。所谓章法，在书法学上是指通篇布局设计，安排字与字、行与行之间的艺术处理方法。而甲骨文最让人叹服的便莫过于那鬼斧神工的章法布局。

甲骨文书法的章法布局，是根据甲骨文大小和形状的特征来进行相应的安排，这就出现了疏朗相间、姿态多变的面貌，无论是同一个字的结构之间,还是字与字之间、行与行之间,都是既独立又有紧密联系的整体,所以生气氤氲。总体布局参差错落,行文有的自右向左,有的自左向右,其中的左行章法占了绝大多数,从而奠定和确立了中国人3000年的书写习惯。

### 8. 宗教神秘美

甲骨文是随着原始宗教产生的卜辞,而祭祀活动不是个人私事或私下去做的事,而是演变成为贵族的重大或头等行为,由王室的贞人或商王亲自主持,具有不可侵犯性的"神权"味道。甲骨文透露出一种神圣肃穆的气氛,给人极其庄严神秘宗教的艺术感受。

书法是时代文化的缩影,甲骨文产生的时代,恰恰处在天命、鬼神、宗教巫史文化的极盛时期。商代的书法,从形式到内容,基本上都是这种宗教巫史文化的体现;而中国书法文化的起点,也正是由宗教巫史文化孕育了其表现形式及美学观念。占卜是神圣的大事,为了表达对神的虔诚、取悦神的欢心并得到神的启示和好运,贞人往往以当时的美学思想和审美意识,郑重其事地记录和刻契每一句卜辞,并努力做到刻字的完美。可以说,保留着原始的自然纯朴和稚拙天成本质的甲骨文,是先民们在"原逻辑思维"状态下创造的最早的一种书法形式和文字样式,字里行间通过卜辞而显示出它从产生而来固有的宗教神秘性。

### 9. 平衡对称美

甲骨文从笔画形态上来说,线条较为简单质朴,没有任何装饰性的处理,而只有笔画的长短、粗细、向背的变化。其单字结体和整体章法皆强调对称形式,字形方正,多是长方形,遵循平衡的原则,给人以平稳端庄对称的感受。这里的对称美应该包括两个方面。一是结体对称。有学者用编码统计的方法监测了1000个甲骨文字,结论是形体显示的图像都是按照平衡对称原则结构起来的。二是章法的对称。甲骨文刻契排列成双成对,行款的左行式、右行式并行,形成了甲骨文特有的对称之美,虽然甲骨文在刻契时,有所谓"顺兆刻辞"与"迎兆刻辞"两种书写形式,但其章法却都是对称的,给人以平衡的感觉。对称与平衡构建了甲骨文书法的艺术基调。

产生这种平衡对称美的原因有二。一是古人首先在自然状态下认识到了对称的美好。日常生活中人们对自然万物的第一感觉就是对称:天地、人体、上下、左右,从感性上升到理性的高度之后就是正反相依、虚实相成、阴阳为道。二是对称的美学特

"龙凤"甲骨文石刻

征,被古人无意中发现或在长期的生活实践中所认识。造型的对称性会给人一种平衡和协调的感觉,从心理上得到一种和睦、宁静的自然心态。因此,商人选取了平衡对称的手法来处理甲骨文字的结体和排列的形式。

### 三、甲骨文是中国书法艺术的萌芽

对于甲骨文是否具有书法史上的地位,学术界存在着肯定与否定两种截然相反的意见。

持否定说者认为甲骨文是属于应用工具层面的文字,黄简和王宇信两人的观点颇具代表性。黄简认为甲骨文属于应用工具文字,不具备作为书法艺术的独立性和追求书法美的自觉性,也不具备已成熟的书法标准,他说:"中国古代书法史的上限,从严格的狭义上说,当在汉末桓、灵之际;从广义上说,可推溯至春秋末期。早于这个时期不存在书法,或无所谓书法。"王宇信认为,书法"不是为了实用,主要是作为艺术品欣赏,所谓'法',即法则、规范、效

**容庚书法**

法。不能说商代只有商王和少数几个卜人能见到的卜辞就是书法创作，也不能说商代卜人教弟子捉刀代笔刻写甲骨文就是有意识地把文字书写作为一种艺术实践"。在他看来，甲骨文、金文虽以古朴、劲遒而具有永恒的艺术魅力，堪称"书法"之祖，但毕竟与有意识的艺术创作之书法不同，如果从广义方面理解书法，秦始皇靠行政命令统一文字，刻石记功，命李斯写《仓颉篇》、赵高写《爰历篇》、胡毋敬写《博学篇》，以作全国范本，推行小篆，才是中国书法之始。

持肯定说者认为甲骨文是中国书法艺术的萌芽，大多数人认为虽然甲骨文与今天我们使用的文字有很大的差异，不下一番功夫没有办法认识或读得出来，而那时在甲骨上刻字，操作的工具与承载的物体也与今天的笔、墨、纸有很大的不同，但是，透过文字的形象，不但表达了美，还表达了一种精神、一种气象，这正是书法的精髓，也是一切艺术共通的特点。当我们仔细欣赏这些甲骨文的拓片，仔细看拓片上风格各异的甲骨文字，就可以自豪地说：书法艺术在这里已经诞生了。

郭沫若是肯定说的

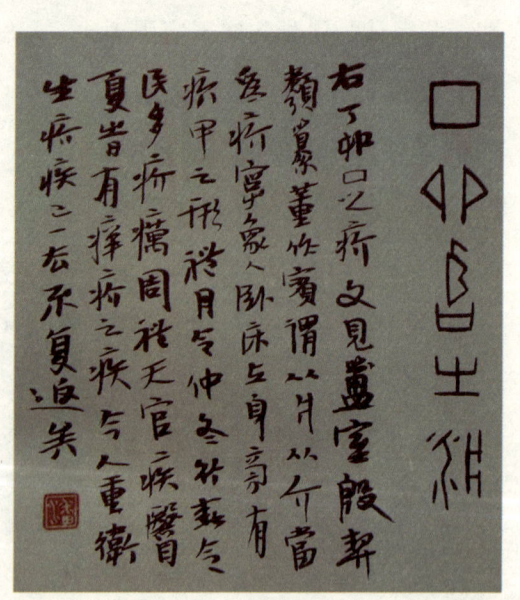

**潘主兰书法**

主倡者。他说:"卜辞契于龟骨,其契之精而字之美,每令吾辈数千年后人神往……是知存世契文实一代法书,而书之契之者,乃殷世之钟、王、颜、柳也。"

甲骨文已是中国书法艺术的萌芽这一说法,就是把每一则卜辞都视为一幅书法作品来对待,这时的刻契者把主要的精力放在记录和所刻写文字的正确性上,在此基础上又能兼顾刻字的美观。从一部分特别优秀的卜辞中,我们可以看到商人们书法意识的萌生。因为他们在那时已开始有意识地去追求汉字的审美情趣,同时还天长日久地掌握了许多技巧和方法,并努力去表现汉字的美。

甲骨文的诞生,不仅标志着中国的汉文字已进入了成熟期并初步形成规律,而且创造性地确立了书法艺术的大走向和总格局。传统认识上的书法要素已经具备,而且练字骨的发现又显示了殷人对书写工拙的观念已然萌始;同时还将玩忽文字视为一种罪孽甚而视为亵渎神灵的文字神圣的这一思想观念,也作为人类野蛮时期图腾崇拜的孑遗而延续下来,从而成为后世书法艺术在实践及观念上的起点。

甲骨文作为一种成熟的文字系统,它已建立起了笔法、字法和章法三位一体意义上的书写规则,从而使书法这一艺术样式获得有别于绘画的独立而发展下来。它对后世书法的贡献在于以下方面。

### 1. 中锋用笔

甲骨文尚处于笔法的准备、酝酿期,它对中国书法最伟大的贡献，在于甲骨文在刻契的基础上建立起中锋或严格地说叫作正锋顺书这一千古不移的笔法核心。

甲骨文在用笔上具有与后世相同的下笔、行笔、收笔这三个基本笔法，但无藏锋、逆锋、回锋等与自然笔顺行向相背的用笔法。细心观察殷人下笔往往露锋，收笔则提而出锋，笔势一般由上而下、由左向右，偶有逆向，因字而变。甲骨文的基本笔画可概括为横、竖、点、斜、弯或曲。这五个基本笔画要素就可组成商代甲骨文中的任何文字。其中，"弯"无常态，随物、随意而尽其妙，特别是由弯笔组成的象形字显示出书画同源的本色。所刻契动物字，飞禽展翅，蛀虫屈伸，猛兽獠牙，或将奔未驰，或若将飞而未翔，或要吼怒，皆栩栩如生；所刻契人体字，立、卧、蹲、跪、躬，手举足行，如朝夕所见；所刻契景物字，山、水、草、木，犹身临其境，画意盎然；所刻契器物字，甚具形象。

### 2. 多变平衡对称的构字法

对于书法而言，甲骨文的意义还在于：多方折的笔画及其交接处的粗重剥落，顺其自然、大小不一、颇具变化的结字，给后

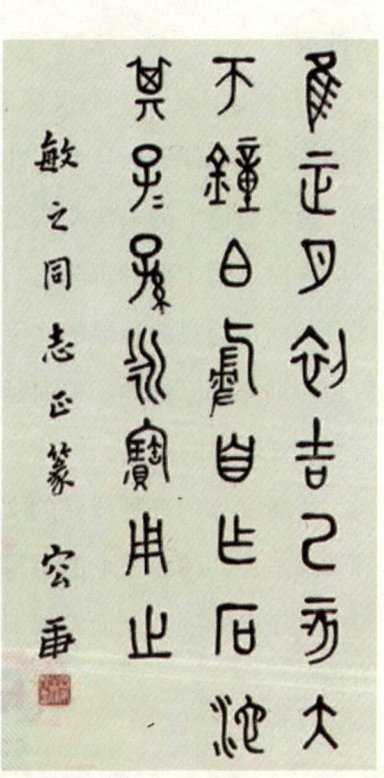

容庚书法

世书法、篆刻留下了十分重要的启示。另外，甲骨文的字画布局以平行对称为原则，凡同字内出现的诸横、斜、竖、点之间各保持基本平行；左右、上下笔画相同者，则分别以中线为轴，呈对称状。而中国书法在其流变和发展中也一直保持、沿用着这一平行、对称的结构原则。

### 3. 自上而下，从右到左的行款

甲骨文的排列方式，不仅显示出古朴烂漫的艺术气质和情趣，而且给几千年中国书法的构式和布白确立了定式。从目前发现的甲骨文来看，绝大多数行款是从右向左、自上而下的直行排列形式，偶尔也有横排的，但多只限于单行，并且跟卜辞与卜兆相配合的需要有关，这也是一种特殊情况。研究发现，在章法行次的排列上，传统的从右到左的排列章法在商代后期，至少在商代后期的晚期阶段已经基本确立。同时发现，商代晚期铜器上的铭文和甲骨上的记事文字，其行款几乎都是由右向左排列。汉字的这种自上而下、自右而左的书写章法排列方式，一直沿用了3000多年，直到中华人民共和国成立之后的20世纪50年代中期，才基本上被自左而右、自上而下的横行排列形式代替。

## 第二节 近现代甲骨文书法

刻契甲骨文的书法艺术，兴盛于3000余年之前，而甲骨文笔墨书法，前后只有不足百年的历史。甲骨文出土以后，学者们在关注它的文献价值和学术价值的同时，对它的书法艺术价值也在不断地挖掘和实践实验，并向表现笔意和刀味两个方向发展。近代的甲骨学家和书法家、书法爱好者不断临习甲骨原文，写成条幅、斗方等形式，也有人集甲骨文字为对联和诗文，还有的篆刻家把甲骨文字刻到印章中去。自20世纪80年代以来，众多新老书法家在继承前贤优秀传统的基础上，不断拓宽视野，跳出旧模式，开始追求新的体态风貌，作品的技法、风格也愈加多样。有的保持甲骨文字的大体结构，用笔简率急就，而突出天真稚拙的意趣；有的打破甲骨文的形体结构，草书用笔，大胆开合，而追求欹侧恣肆的境界；也有的甲骨文爱好者表现为写实型的临写，虽然能够准确地表达字形，显得十分规整，但也多因过于刻板和"学究气"而少新鲜生动活脱的气息。

由于甲骨文的发现是在小篆和金文大盛的清代末期以后，而书写甲骨文者又多是研究这方面的文字学大家、学者和篆书方面的专家，书写甲骨文必定会借鉴小篆和金文的笔法，所以甲骨文书法一开始就呈现出多方面的风格。

已故去的文字学家及书画大家书写的甲骨文书法大体有两种笔法和审美取向：

一种以瘦硬的刻契方法表现刀味，行笔多直线运动，强调平直，模仿甲骨文的刀契之痕。这以较严谨的学者为多，恪守甲骨文原字形，依照刻契效果，再现刀笔形态和方折，有笔画的"线"形而无"点"状，起笔和收笔多露锋，两头尖细，中间略粗些。代表人物有董作宾、丁仁、潘主兰等。

另一种是以浑厚的书写方法表现笔意而产生凝重的效果。这种方法大多参以大小篆及金文、石鼓文的笔法书写，点画圆润饱满，多有弧线，充分运用笔画的粗细、宽窄、浓淡枯涩等，表现字形的美感和浑厚线条。在结字上虽有变化，但总体偏于瘦长，注意重心稳定，平正中而能表现参差之美。这类作品温润雅致，甚为美观，但与甲骨文本来面目似有距离。代表人物有罗振玉、黄宾虹、潘天寿等。

以上两种风格在章法上都能吸收甲骨文的整体感和行间的"贯气"，在错落之中体现严整，疏朗之中又不失古意。在创作甲骨文释文时又常常以集对联形式出现，而更加重视正文中字与字的呼应，同时注意行款中的行楷书书法与甲骨文字的协调。

## 一、罗振玉是甲骨文书法的开创者

以甲骨文字创作书法作品，始于 20 世纪 20 年代。早期进行甲骨文书法创作者，大都是研究甲骨文的专业学者，尽管有些人也是有名的书法家，但他们的主要精力还是集中于甲骨学的研究上，他们所发表的专著也很少涉及甲骨文书法艺术。

罗振玉是将甲骨文引入书法创作的第一人，也是第一位身体力行运用甲骨文创作书法艺术的学者、大家。罗振玉不仅致力于对甲骨文的研究、著录与考释，而且曾经对着甲骨片摹写了大量的甲骨文字。在甲骨文书法创作上，他把甲骨文和小篆相互结合，用小篆的笔法来书写甲骨文，就像吴大澂把金文和小篆相结合，用小篆笔法写金文一样。罗振玉又常常把甲骨文集字写成对联的形式。他在字形上运用甲骨文字，而用笔方法则用小篆如玉筯篆之类写法，打破小篆在字形上的均

**罗振玉书法**

衡、对称和整饬，多有斜笔画和点团出现，表现厚重浑穆的风格，是甲骨文创作中追求笔意的一种典型代表。

甲骨文发现伊始，早期的甲骨学者们大都浸淫于文字的考释，还来不及注意到甲骨文的书法价值。罗振玉早在日本期间，

罗振玉书法　　　　　　　　　　罗振玉书法

**罗振玉书法**

研究甲骨文兴致正浓，就尝试把甲骨文写成方块字。1921年春，罗振玉在日本侨居8年之后，返回中国寓居天津，闲暇时突发奇想，用甲骨文集字的方法写了一副对联，一发不可收竟一连三晚撰成对联百余副。他在后来出版的《集殷墟文字楹帖》自序中写道："自客津沽，人事傍午，读书之日几辍其半。去冬，奔走南北，匍匐赈灾，四阅月间，益无寸咎。昨小憩尘劳，取殷契文字可识者，集成偶语，三日夕得百联，存之巾笥，用佐临池。辞之工拙非所计也。"1921年2月，罗振玉出版贻安堂石印本《集殷墟文字楹帖》，这就是中国第一部集甲骨文字为对联而属意笔书法的专著，集有四言联语11对，五言61对，六言4对，七言5对，八言18对，共得99对。该书的出版，引起了不少书法家的浓厚兴趣，而众多甲骨文爱好者也以罗振玉所书为典范。

**罗振玉书法**          **罗振玉书法**

  遗憾的是在罗振玉该书出版之前，甲骨文发现不算太多，释出的字更少，即以罗振玉本人《殷墟书契考释》而言，补版本印行于1915年，才得485字，增订本印行于1927年，也不过571字。罗振玉又有《殷墟书契待问编》，刊于1916年，收未识字1003个。当时罗振玉所见甲骨文字汇只有1500字左右。至1920年，天津王襄出版的《簠室殷契类纂》一书，收已识未识甲骨文

**罗振玉书法**　　　　　　　　　**罗振玉书法**

字也才 2867 个。因此，罗振玉笔下完全属于草创期的甲骨文书法，自不可避免受到种种限制，其集甲骨文字也多有不确之处，然而由于他是一个严肃的文字学家，又处在甲骨文研究初期，所以他基本上也是遵照甲骨文原本形态，不随意造作，文人笔墨之功底和匠心独运之学养，实开甲骨文书法之先导。

罗振玉的《集殷墟文字楹帖》开创了近现代甲骨文书法的新时期，其后，章钰、高德馨、王季烈等学其方法并集甲骨文字为楹联。1925 年罗振玉将己集和章、高、王三氏所集汇为一编，总计420余联，亲自缮写付印，1927年出版，名为《殷墟文字楹联汇编》，收四言、五言、六言至十言联不等。综观罗振玉的甲骨文书法，用笔刚劲秀润，得殷人刀笔意趣。该书的出版对甲骨文书法的推广，甚有影响。1985年吉林大学古籍研究所整理并由该校出版社重印，中有姚孝遂先生的校记，订正其中受当时研究水平的限制而造成的误字，从此许多民间爱好者或书家，无缘直接从甲骨文摩挲领会其神韵古风，常取此书作学习范本。

**罗振玉书法**

罗振玉在传统的书法、篆刻以及书画鉴定等方面均有涉猎，特别在甲骨文书法的研究和创作上具有开创之功。罗振玉甲骨文书法有两种形式：临书原刻辞和集联及条幅、匾额等书法创作。无论何种形式，他都以体势开阔宏伟、结构谨严的一期甲骨文为范本，参以小篆中锋笔法，坚实挺拔的结构字形，既有盎然古意，又能别出心裁，把甲骨文和小篆糅合，成为甲骨文书法艺术的杰出代表。

他所书写的甲骨文书法，在用笔上改变了甲骨文横平竖直恣肆放纵的瘦劲，转而为玉箸篆的圆韵丰满，起笔藏锋，间用侧锋，收笔斩齐，运笔有的用中锋圆笔书之，有的加大了按笔力度，使笔锋铺开，有方笔遗韵。结体采篆法纵长之势，字形大小整齐，点画间平衡对称，协调而统一，文雅而质朴。行款章法，楹联单行，虽有欹侧，但中轴稳定。卜辞纵有行，横无列，端庄谨严。有粗笔画的，也有细笔画的，不失甲骨神韵，为后人用毛笔书写甲骨文开辟了一条正宗之路。

作为学者，罗振玉不像一般的文学家、艺术家那样富于激情和表现，他的书法也不像一般的书法艺术作品那样强调外在的形式与情感释放。他所追求的，是端庄含蓄、堂皇正大的典范美，强调内心的体悟和愉悦，重在对道、气之形而上的把握和对神采、风骨、筋力等古典主义美感的展示。罗振玉的审美观念、价值取向、作品风格影响了中国一大群学者书法家和作品。

概括地说，罗振玉书法，一如其人，二如其学。虽然他未必属于一流的书法大家，但其甲骨文书法老成持重、从容不迫、温文尔雅而又充满书卷气息，这不能不说是其深厚的学养和扎实的书法基本功使然。

## 二、黄宾虹的意笔甲骨文书法

用意笔书写甲骨文，并以甲骨文为基础进行书法创作，成就卓著的还有画家黄宾虹（1865—1955）。他以书法用笔来画写意山水，成为开宗立派的山水画大师。由于他对书画线条的深刻理解与千锤百炼，在篆书创作上更为自由地融入甲骨文与金文的多种笔意，形成形体疏落、结字高古、用笔轻活的似甲骨文又非甲骨文，似金文又非金文的独特风格，可以说是对甲骨文书体的天才吸收和创造性运用。如他在83岁时所作"史传古人列九品，铭文孝孙起万年"书法对联，就掺入甲骨文的写法，表现出瘦劲的刻画意味。这副对联中的文字如"史""人""万""年"等字和用笔均可看出脱胎于甲骨文，表现挺拔俏丽的意味，其他字亦有取甲骨文之势，参以古籀或金文，而别具特色，又古意盎然。

另外，画家潘天寿（1897—1971）以花鸟画名世，于书法也常出新意。由于他有篆刻的功底，而以甲骨文集联创作的条幅错落有致，通过字形宽窄和字画中长线及短线的错落来增强作品的节奏感，可以看出他匠心设计，就如同他的绘画一样。

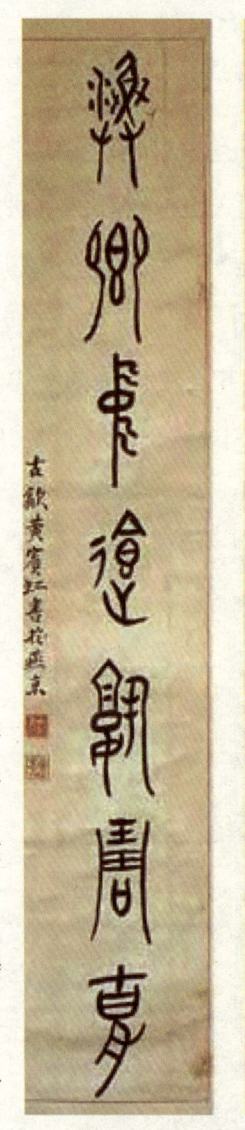

**黄宾虹书法**

### 三、董作宾的刀笔风格甲骨文书法

　　董作宾不仅是甲骨学、考古学研究方面的主要奠基者，也是最早将甲骨文引入书法创作的书法家之一。他对甲骨文书法的贡献，不仅表现在对甲骨文的分期断代而提出"五期说"，使摹写临习者有章可循，而且由于甲骨文可识者仅 1000 多字，集字创作较准，他作《甲骨文与中国文字》一文而主张"书法只是一美术品之一，不能用学术立场加以限制"，认为"以古文字，作新

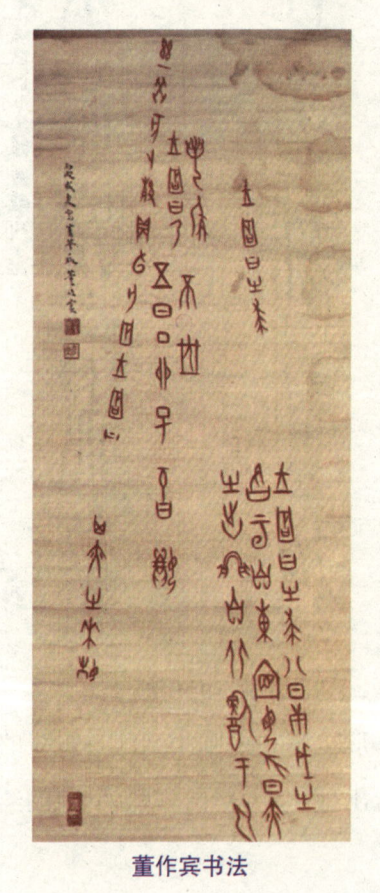

董作宾书法　　　　　　　　董作宾书法

篇章"，凡初文、假借乃至释读者一家之言，皆可从权使用。这一论点十分有利于甲骨文书法的推广和发扬。由于他的学识以及对甲骨文的深刻理解，加上他在甲骨文摹写及书法方面的投入，他的甲骨文书法作品和罗振玉相比，形成另外一种有刀笔味的书法风格，也最能反映甲骨文原貌，从而形成真正与古人相通、相融，达到不仅得其形，更得其神的境界。

董作宾的甲骨文书法作品形式丰富多彩，和罗振玉一样，既有集联集诗等书法创作，也有直接摹录甲骨文原片的临作。他最喜欢武丁时期的甲骨文风格，武丁与商汤、盘庚被誉为商代最有作为的三王，武丁文治武功卓著，也把甲骨文的书风带向了

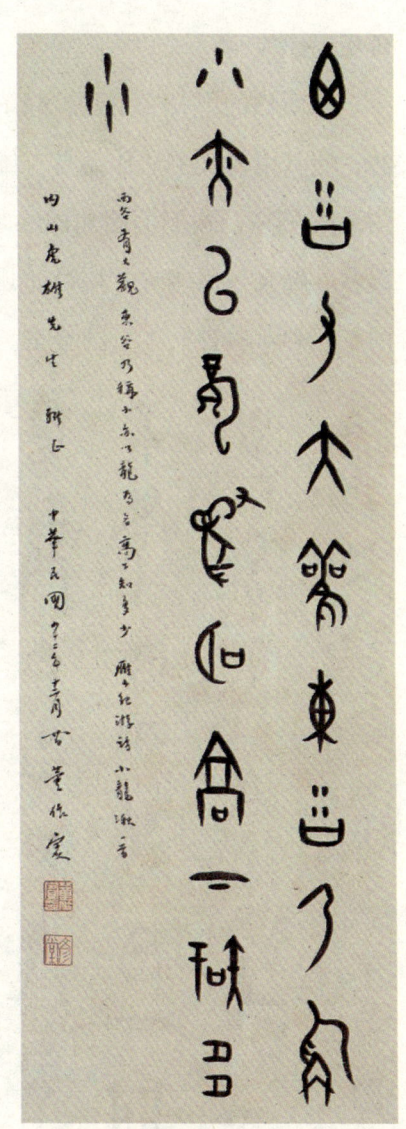

**董作宾书法**

一个宏放、雄强、壮丽的时期。他认为这一时期的甲骨文"结密得体，镌刻刚劲有力，多用单刀侧锋和曲画，笔势婉转，好书大字，错落有致，赫赫精神；亦作肥笔，凛凛英姿，且多涂朱墨，

骨版煌煌瑰丽"。

他所作的甲骨文书法,除了把篆刻知识和经验引入甲骨文书法,使其甲骨文书法作品具有雄强的刀笔味外,还非常注重章法的形式美感,腕下笔墨如同绘画一样轻松自如。其构思、布局、落款、释文与用印等,均恰如其分且独具匠心,更显示出他治学的严谨和对甲骨文本身的尊重。从其甲骨文书法中随便抽取一个字,都能领略其结体的率真雅气与精到娴熟,或以物定型,或以意定型,皆依情变态、依势变体,笔画多而不乱,少而不散,可大可小,可形可意,均不失甲骨文本来固有的千变万化、和谐相处之结体风采。但其用笔最能体现甲骨文刀笔味,不是用毛笔的简单复原或描摹甲骨文,而是柔中带刚,力在笔中。他用笔横竖刚挺、圆曲有骨,落笔出笔皆露而不藏,运笔看似轻爽,但极有法度和力量,出锋虽尖而稳不飘,方笔虽劲挺而不枯,弯笔虽柔而爽利。

董作宾极力想把中国古代

**董作宾书法**

的文字通俗化并宣传出去，他在美国讲学时，由于条件限制，用宣纸书法没有办法装裱，就买各种图画纸和广告纸配以不同颜料，书写后装上镜框，作为礼品馈赠亲朋好友，甚至参加婚庆寿典，也是带上自己自治自书的甲骨文书法礼品。胡适曾说过："他从太平洋走到大西洋，几乎没有一家中国朋友或美国的中国学者家中没有董作宾的甲骨文书法。此乃实情，并非过甚其词。"他书写甲骨文书法的目的非常纯洁，用他

**董作宾书法**

自己的话说就是为了宣传甲骨文，让更多的人了解中国古代文字之美，因为他在所写甲骨文的旁边，都注有释文，让想学的人有个方便，并且还常用讲故事的方法讲解甲骨文字，以诱导学生或喜爱甲骨文的人们深入学习或研究、欣赏甲骨文。

## 四、丁仁、潘主兰甲骨文书法的瘦劲之美

西泠印社创始人之一的丁仁（1879—1949）的甲骨文书法创作，力图表现甲骨文的瘦劲美，点画方圆明显，细而精，笔画线条之间弥漫着浓郁的金石味。他以细笔小字书写甲骨文书法，显得干净利落、淡雅空灵，但笔画平直大小一律，接近方块字，却显得呆板匠气。

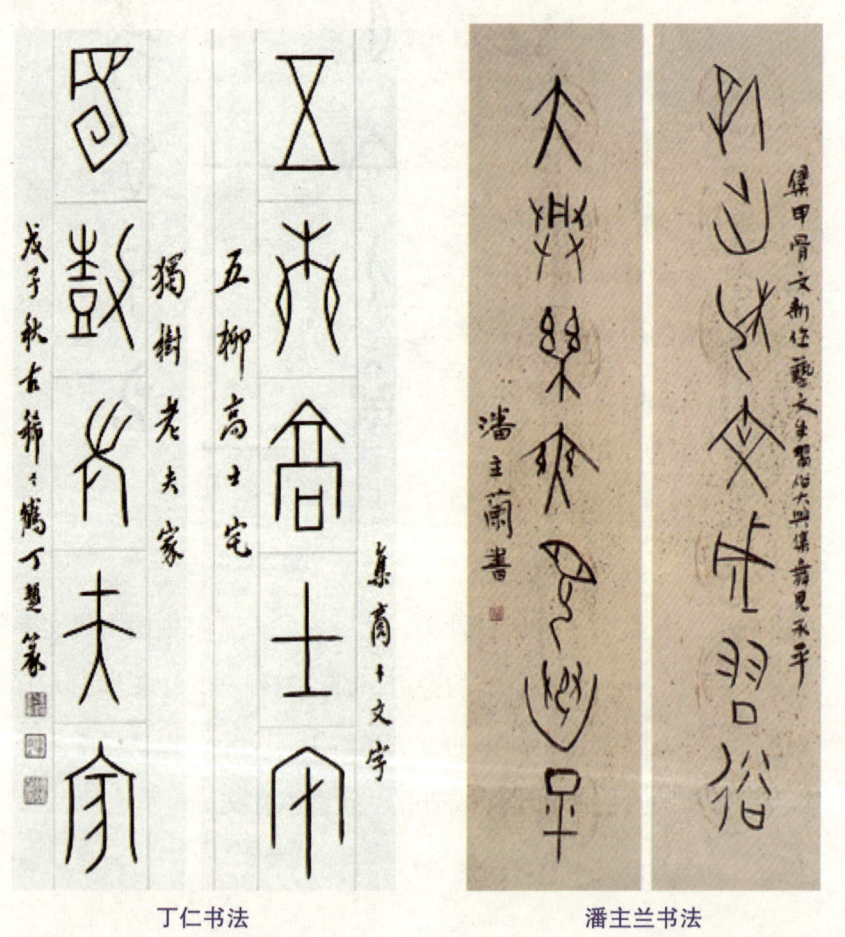

丁仁书法　　　　　　　　潘主兰书法

潘主兰(1909—2001)也以书写甲骨文书法见长。他的甲骨文书法多表现刻契的感觉,丰润而不失灵动,甚至完全忠实于原作,既表现了甲骨文的原始性,又体现了其神秘性和奇妙性。他的作品不仅在章法上有创新,还能用有限的甲骨文字书写长文,但偶有用字不够规范和严谨的情况。

潘主兰书法

潘主兰书法

潘主兰书法

# 第六章

## 如何学习甲骨文书法

中国书法是在文字的书写过程中形成的。历史上,有人说书法是余事之类的技艺,也有人称之为高贵文雅的艺术,有人借书法显示学问和风度,更有人借此技艺谋生。不论书法的地位如何因人而异,人们无不承认文字是书法的母体。魏晋以前,书法附丽于文字,是文字的附庸,文字学家与书法家往往一身而二任。也就是说,无论何种字体书法,都要了解文字书写的规律及文字本身的特点。

## 第一节

## 入 门

### 一、了解甲骨文书写的基本技法

甲骨文已是成熟而形体兼备的文字,也称得上最早的书法作品。殷商的贞人在点画、结字、布局方面已基本上确立了后世汉字书写及书法艺术的总体格局。甲骨文字的笔画大体上是横平竖直均齐划一的,既有质感又有力度,结体有很大的象形和随意性,章法自然生动,显示了古人朴拙的审美意识。

我们今天创作的甲骨文书法,实际是把甲骨上的刻契文字,移植到纸上的笔墨书写,既要保持刻契甲骨文的神采,又必然含有笔墨的趣味。甲骨文书法主要分为两大类型:一是笔画细直为主,呈瘦劲挺拔、秀丽规整之美;二是方笔为主,笔画粗犷,呈肃穆严整、浑厚雄壮之美。甲骨文在结体上多为长方形,少数为方形,用笔方多圆少,长短线条运用自如,方者瘦劲有力爽利挺拔,圆者如短兵相接,质朴烂漫,方圆结合,开合有度,干净利落。章法上可以疏密错落有致,行气清晰,可以是满篇皆字,茂密丰绰,让人目不暇接,也可以只寥寥数字,显得空灵大度,留给观者以遐思的空间。

书写甲骨文比写其他书体要简单得多。如"逆锋入笔、退笔回锋、一波三折"之类毛笔书法的要求，都不必拘守。狼毫、兼毫、羊毫皆可，如果用长锋随意落墨，更能表达刻契刀笔意态。因甲骨文字笔画多横平竖直，很少盘迁使转，且不忌露锋，而唯有注意惜墨。笔宜稍干，蘸墨宜少，勿使渗涨；行笔宜疾，勿使臃肿；衔接处要留不足，勿使有余。总之，要使笔画挺劲自然，造型妥帖，不事雕琢，就会产生甲骨文本身的刻契韵味。

## 二、了解具体用笔技巧

从表面上看，甲骨文是由点、横、竖、斜、弯或曲五种基本笔画组成。如仔细推敲，则可概括为直、弯或曲两种线条而已。横、竖、斜大体是方向不同的直线，而点也是短直线，实际上，刻契的点也只能是短直线。无论直线还是弯线，都应写出刻契的味道才好，否则将失去甲骨文的基本基调和精神，在笔画上主要以细笔和方笔为主。其运笔的过程为：露锋缓慢入笔，中锋提笔而行，收笔时平出或尖出。

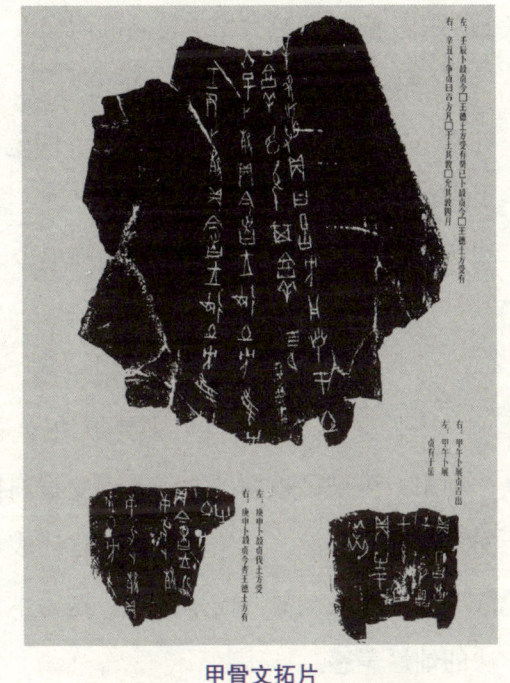

甲骨文拓片

在书写时，应当特别注意如下3个方面。

（1）横、竖等主笔画，虽为尖入尖出，但动作不能过快，特别是入笔时更应注意，否则易失之于轻飘。中段行笔要力求扎实浑厚，中锋行笔。

（2）弯或曲线应把握入笔要缓，行笔要自然流畅，有些较复杂的弯或曲笔并非一笔写成，而需"搭接"，搭接时应尽量避免出现生硬的棱角。弯或曲，都是平滑的圆弧，用毛笔书写时，也要力求中锋用笔，在拐弯的过程中，一定要控制好笔锋，使之始终处于笔画的中线。控制笔锋的方法，既可以通过手腕控制笔管的起倒来调节，也可以适当捻动笔管来控制，总之千万不要形成侧锋，以保证笔画的挺拔劲健。一般不需要刻意的提按，但有时适当用一点提按也会增加笔画的韵律。

（3）甲骨文中不存在"折笔"。比如，"口"字类的四方框，在楷书中三笔书写，而甲骨文要分四笔完成，横竖画之间，要用"搭接"的方式连接起来。甲骨坚硬，难以奏刀，所以许多结构成为方势，能刻契成圆转结构的则很少。

## 三、了解甲骨文的章法与墨法

甲骨文的变化之美，主要取决于章法。如果吸收到现代书法中来，可破呆板僵硬之气。因受材料限制，甲骨文在刻契时的布局既随意自然，又错落有致，这还表现在它那独特的"迎兆刻辞"和"顺兆刻辞"的形式上，这为本来就对称的形式增加了章法的灿烂美感。

目前，书写甲骨文的书法家，也许是由于思维定式的缘故，大多沿用传统习惯，袭用金文、隶书、楷书的章法，幅式不外中堂、条屏、斗方、对联、扇面、横幅等。

书写甲骨文要使用什么样的毛笔，并没有一定之规，有人习惯用软毫笔，有人喜欢用硬毫笔，这完全可以随个人的喜爱而定。一般来说，初学者对软毫笔往往不易驾驭，可以先用较硬的狼毫笔书写。当对甲骨文的笔意和结体掌握得比较好以后，也可改用羊毫笔，这样就可以增强甲骨文笔法的表现力。

为追求线条的刻契效果，书写甲骨文时用墨应浓淡适度，过淡或太浓都会影响"刻契"效果。这只能靠大家在练习中不断地去领悟和把握了。有人主张用湿墨，因为甲骨文的拓片，墨底白字，看不到枯笔。这也未免过于教条。其实，用毛笔书写甲骨文，如果在纵放的笔画之末出现一点枯笔或飞白，也许别有一番情趣。而要写出这样的笔画，方法是先蘸浓墨，再在笔尖上蘸一点清水，书写起来就会出现先润后枯的效果。同时要注意枯笔或飞白不宜太过，太多则过燥，反而失掉了韵律和美感。另一种极端是用墨过湿，每一笔的落笔处都会出现一团墨，也完全失去了甲骨文瘦劲遒润的风采。

## 四、将甲骨文与小篆、金文比较，增进感性认识

### 1. 甲骨文与小篆的区别

（1）甲骨文字形大小皆活泼可爱，姿态各异，体现了书法的原生态。而小篆是在甲骨文及大篆的基础上"或颇省改"而成，

进入了一种有法度的规范，横平竖直，讲究对称，体现了我国第一个封建王朝统一的大国气象。甲骨文多方折，而小篆多圆转。

（2）甲骨文重象形，而小篆象形意味减少，趋向于纯抽象符号化的艺术造型倾向。

（3）甲骨文的线条平直瘦硬，无外拓内撅之法，而小篆有之，也更充分体现了小篆的张力和弹性。总之，甲骨文有部分文字已基本定型，但也有相当一部分文字还处在变化发展之中，而小篆对结字的定型、偏旁位置等的固定却使中国文字首次得到富有成效的统一和规范。

### 2. 甲骨文与金文的区别

（1）由于甲骨文所含有的宗教占卜性，在甲骨文中有很多字是直接下刀刻契，因此结体各异，字形欹侧多变，外接多边形丰富灿烂，体现出一种天趣和神秘之美。金文在古代则是权力、身份、地位的象征，需要传承久远，书写者必然多是当时国内一流的能工巧匠，又秉承统治者的旨意，在书写时十分庄重甚至毕恭毕敬，如对至尊，所以，金文字形粗壮平正，体现出庙堂

甲骨文

之美。

（2）甲骨文中象形文字较多，"随体曲折"。其结体不是一律大小，笔画繁者字形大，笔画少者字形小，显得生动自然，充满着古朴天真之美。而金文象形成分相对减少，字形结构较甲骨文简单而不随意，异体字也较少。金文发展到西周中晚期，结字雍容圆丽，符号化程度提高，更加注重对称之美。

（3）甲骨文和金文所使用的工具和材料不同。甲骨文是刻契出来的，而金文是铸出来的。因此，甲骨文强调的是刀味，金文强调的是金石味。

金文

## 五、从小篆入手作为"热身"

初学者可能不懂甲骨文书写时的笔顺，但如果能有小篆的基础，再书写甲骨文这种较随意的字体，就可应对自如了。

临写甲骨文，先从小篆入手，有助于掌握篆书的基本笔法与规律。因为甲骨文多是以刀代笔刻契而成，加之原物不易见、拓本字又小，初学者对其用笔较难体会。而今日进行甲骨文书法创作又多是以毛笔来表现艺术情趣和思想境界，因此应先掌握毛笔书写的技巧，再去临写甲骨文，则可收事半功倍之效。可以先学秦《峄山碑》、《泰山刻石》或《石鼓文》，再学甲骨文就会容易上手入门。

此外，还可以学点篆刻知识。甲骨文多是用铜刀、玉刀刻契而成，也有人称之为"刀笔文字"，刻契甲骨文字的人不仅是当时的书法家，更是技术高超的篆刻家，为后人无法企及。罗振玉、董作宾等除了考古好古、研习古文字并富有学养外，又都爱好篆刻，大都有篆刻技能和鉴赏水平。

如何参照那些刻在甲骨上的文字，用毛笔书写出笔墨俱佳的书法作品，并不是一件容易之事。王宇信提出：甲骨文书法要合情、合理。合情，也就是符合甲骨文当时之情。学者们把甲骨文分为五期，各个时期的字形、书体各具特点，要严格把握；合理，也就是甲骨文书法要神似，体现出真正的甲骨文刀笔精神韵味来。由于甲骨文字数有限，万不得已时，"借"字"造"字都要适当。

甲骨文书法艺术除了它"法自然"的抽象美外，与中国其他艺术门类一样，还突出为它有极强的刀味表现力。就书写甲骨文来说，要想把干巴巴的甲骨片上蝇头大的小字幻化为血肉丰满的甲骨文书法作品，更需要将书法家本人个性、情操、意趣及情感率真无遗地表现出来。

不管是临写还是创作甲骨文，一定要试着进入"状态"。时隔3000年的今人很难体味古人的心态，如果不深研殷商宗教文化，不能进入当时情境，站在今人旁观者的角度，也就无法用甲骨文书写出殷人的心声与手迹。甲骨文本身具有一定的宗教色彩，神秘而莫测，是古人精神沟通的造型艺术。这也就是为什么我们在欣赏董作宾、罗振玉那些姿态万千、风情万种的甲骨文书法时常有的一种特殊的感受：这里有占卜凶兆时痛苦不安的满面乌云和灭顶之灾的恐惧，还有吉兆时的欢欣期望与悠然自得的狂喜，气韵所致，而美不胜收。

## 第二节 选帖、读帖与临帖

### 一、如何选帖

#### 1. 以甲骨文拓片影印本为主

甲骨文的著录和传播，主要有3种方式，一是以照片为底本进行影印的影印本。这种照片虽然能使人有如睹实物之感，但字迹往往不清晰，不利于对着研究临摹书写。二是拓本，亦称墨本。就是用类似拓碑的方法椎拓成墨拓本。这种方式的最大优点就是字迹清晰而且保真度高，是研究甲骨文和临习书法的最好版本。三是摹本，亦称写本。这是最简单的一种著录方式。就是用笔（毛笔或硬笔）在纸上将甲骨文描摹下来。摹本的质量与摹写者水平有关，失真和误摹的情况时有发生。临习甲骨文书法不宜以此为范本。

学习甲骨文书法一定要溯本求源，取法乎上。不仅要表现出甲骨文的形体，同时要用笔墨表达出甲骨文特有的刻契意味。因此，临写甲骨文必定要看甲骨文拓片，体会、玩味甲骨文的烂漫线条、形体及构成关系。今天我们大多数人所能欣赏的甲骨文的风神韵致，也大都是通过甲骨文拓片所透露出来的。因此，书写甲骨文书法，自然应当以甲骨文拓片影印本为范本。

### 2. 以第一期甲骨文为优

现存的 10 多万片甲骨文，并不都是完美无缺的书法样式。有相当数量的甲骨文，或线条柔弱无力，或满片乱柴，或讹误甚多，并不都是殷商前人留给我们的精美书法作品。对此，还需要我们赏读、临摹时加以鉴别。甲骨文不仅每个时期的风格各不相同，即使同一时期，由于贞人不同，风格也不尽相同，并且还有优劣之分。所以，初学甲骨文书法，不妨先从第一期中选择一些优秀拓片来临写，这是因为，第一期甲骨文数量最多，字体风格又比较雄壮，而现存的甲骨文也以武丁时期的作品最优。大字雄健宏伟，古拙劲峭，用刀浑厚，体态纵横开阔，有剑拔弩张之势。中小型字体秀丽端庄，雍容典雅中不失灵巧通神之妙。在经过一段时间学习有了一定基础后，再从其他时期的拓片中吸取营养，这样可以少走弯路。

甲骨文原拓片一般人不易找到，刊登甲骨文拓片的专著如《甲骨文合集》价格又比较贵。我们可以从 3 种途径去寻找资料。

一是可以到图书馆等地方去复印资料，二是选购一本好书或工具书作范本，三是可以转益多师，找一本好的或自己喜欢的书法家的作品来参照临写。好的书法家作品，从根本上说，毕竟不是最好的临本，因为它相对于甲骨文原拓片来说，已经是第二手资料，递相传承，必将离原貌而越来越远。

### 3. 参考墨书朱书

在我们用笔墨来模拟刻契甲骨文的时候，有些存留下来的少量甲骨文朱书和墨书，毫无疑问，对我们探索甲骨文笔墨书法的用笔极具参考价值。在迄今为止所发现的10多万片甲骨中，偶尔也有一些书而未刻的朱书和墨书。如《甲骨文合集》1285反面，上部黑底白字部分是其拓片，下部是摹本，其中"不若于示"四字便是书而未刻的朱书。从中可以明显地看出毛笔的弹性，特别是"若"字，用笔的提按十分清楚。另外，《甲骨文合集》中14250也是一版书而未刻的残片，四行都是朱书，其书写风格与刻契文字就完全一致。

### 4. 以大家或前人墨迹甲骨文书法作参考

罗振玉、董作宾等的甲骨文书法作品，都可以当作极好的参考资料。甲骨文书法早期有罗振玉的《集殷墟文字楹帖》等，由于是最早期出版，再加上辗转摹抄，字形多欠准确，而20世纪80年代重新出版的《甲骨文编》摹写谨严，文字丰富，共收4500多字，可识者900多字。作为基础学习，是必需的范本和不可缺少的工具书。另外，西泠印社出版的丁仁和刘江等的甲骨文书法作品也可作为重要参考。当然，更重要的是要多看拓片影印本和实物，来提高辨识的眼光。至于识字甚至集联创作，则要不断地努力读书，特别是要拥有一些甲骨文的工具书，如上海书店出版的《甲骨文常用字汇》等，同时再积累字外功夫。

## 二、如何读帖与临帖

### 1. 读帖

在读帖之前,要对甲骨文有感性认识,一是读书,特别要具备甲骨文字工具书,要了解甲骨文字的基本特点和甲骨占卜文化及商朝历史,从历史角度体会占卜文字的神韵。二是多参观博物馆,仔细读(看)原片,了解甲骨文原物特有的宗教文化气息及中国传统文字及笔墨文化。三是常去图书馆查资料或复印资料,仔细琢磨甲骨文的细节及其用笔特点,甚至将字与字相互比较或将同一字的不同写法进行比较。

除了多欣赏、多读,还要细看,仔细琢磨,有条件的最好用放大镜来研读甲骨文原片或拓本,并从各个侧面细细品味。因为甲骨文字太小,特别是甲骨文原版,周朝甲骨文字就更小,借助放大镜细心观察,通过放大观看,读出用笔和其结字之基本规律,从刀意中体会笔意之精髓。当然,多看前人书写的墨迹甲骨文书法亦可从前人的书写中借鉴其用笔之法。

### 2. 临帖

临帖是一种文化,一种修养。有人说书法家三大修养,一是心胸,二是学识,三是临帖,而临帖是最为标志性的修养,特别是面对如此简单的甲骨文,耐心和细心及坚持之心就更为重要。面对范本,有人怀着敬畏感如对至尊,小心临写,亦步亦趋,照搬原形;有人浅尝辄止,以意为之,名为意临,实则和杜撰、抄写差不多。前者在于太老实,后者在于太不老实。临帖是学习借鉴，也是提高和丰富自己书法实践的必要手段。太老实会失去古代作品的神采等本质的基调和韵味，仅得其皮毛；太不老实会使临帖成为游戏，甚至使临帖失去应有的意义。正确而合理的方法必须有过人的见识与修养，从容不迫地进入临写"状态"，才能获得真经，丝毫不能勉强或取巧。唐太宗《论书》云："今吾临古人书，殊不学其形势，唯在求其骨力，而形势自生耳。吾之所为，皆先作意，是果以能成也。"这是善临者的体会，也可以用来概括罗振玉和董作宾临写甲骨文的主要特点。

临帖方法如下。

首先，在临写甲骨文拓片时，要把书房和书桌收拾干净利索，要带着一种敬畏的心情并敞开怀抱，否则就难以去用心认真体会、仔细地临写，这里强调的是"在状态"。临字要处处临到实处，一点也不能放过。一是要原原本本地对临，每行的字数和行与行之间的相对关系，都要依原拓本为准，所谓"察之者尚精，拟之者贵似"；二是在"依样葫芦"的同时，更要勤于思考，仔细品味原作中每一个字的笔画和结构，这样才能从中体察到原作的细微和精妙之处，临一遍就有一遍的收获，慢慢地就会把握甲骨文的象形性甚至独有的宗教意味和神秘性。

临写拓片，并非必须在学习了基础知识之后方可进行，因为学习并无止境，可以同时并举，一边学习基础知识，一边临帖，细细玩味，体会如何用毛笔展示出刻契的味道。甲骨文的书写，所谓"用笔"，实际上就是如何用"笔写"来模拟"刀刻"，从而写出具有刀味的甲骨文书法，体现甲骨文原有的风采和本质基调。同样，要认真计划有目的地临帖，并且不管临摹还是创作或集联，都应认真书写每一笔，针对甲骨文用笔特点而做到横平竖直。因为古人对甲骨刻辞要做到随意是非常困难的，这也许正迎合了当时占卜者的心理，为了得到神的指点，刻契时必须一丝不苟，所以当时贞人的最高理想正如我们今天写美术字一样做到横平竖直，布局均匀而合理。

其次，由于甲骨文的刻契性质，在临帖时需要特别注意以下几点。一是甲骨文在刻契之后，笔意虽未完全丧失，但毕竟失掉了许多，表现在我们面前的主要是刀情刀趣，今天我们要以它为范本进行临写，就要"透过刀锋看笔锋"，理解笔意，才能够收到事半功倍的效果。至于字形问题，可借助于《甲骨文字典》或工具书来解决。二是中锋用笔，甲骨文线条如行云流水意味高古而又自然天成，就要把握其用笔爽朗劲利、朴茂天然的特质。临写时既要表现出毛笔的笔意，又要体现出刀刻的韵味。在顺锋拖笔的笔法书写时，要求既要追求刀锋，又要含蓄、凝重，笔画以劲挺、流畅而又不失浑厚为上；弯或曲画行笔时，笔画应力求雄浑、有立体感。从表面上看，甲骨文还有一些折笔，实则当时是用两刀刻成，我们书写时也应以两笔书写。三是注意结字要平正飞动，书法艺术形体美的基础在于结字。而结字的最高境界，是既平正又飞动，效果才好。平正，意味着均衡对称。甲骨文书法艺术充分体现了这一特色。要达到平正，对称就必不可少。例如，甲骨文首先便是平正的美，它展示的是一种庄重、严肃，或恬静、安闲，给人以"不急不躁""不温不火"的感觉。当然，讲平正，绝不等于死板、僵硬而无变化。孙过庭所说的"复归平正"才是一种高层次的平正，应是我们所要努力追求的终极目标。这样的平正，是"似欹反正"的平正，是具有一种潜在动态美的平正之美。飞动，如果说篆、隶、楷字形中也有飞动之美，那么，这种美只能是比较隐含的、幽深的。李斯的小篆，张怀瓘在《书断》中将其评价为"字若飞动"，可见，以静为主的甲骨文也同样可以写得生动传神。甲骨文以象形为主，本来就有飞动之象之势，除了有赖于点线的浓淡、枯湿、润燥、疾涩等变化外，更主要的还是寄托在结字的构成处理上，如疏密、大小、曲直、向背、欹正等的强烈对比。明白这些道理，试着去把单字写得完美些，从而为章法美的实现打下坚实基础。同时，还要把握甲骨文特有的谋篇布局，错落有致、疏朗生情的特点。

## 第三节 临作与创作

### 1. 临作

在临帖的基础上进行书法创作，有一个逐步提高的过程，不可能一蹴而就。要乐于实践并勤于实践，在实践中逐步总结和提高。可以在第一步尝试进行临作，然后经过一段时间后再进行创作。好的临作也可以成为精美的书法作品。许多著名的书法家都有临作存世，而且这也是古文字书法中的一个重要组成部分。所以，甲骨文书法创作也可以从临作开始。当然，这时的临作不再是照原拓本"依样葫芦"，而是用自己的笔墨来表现原作的神韵，并用来抒发个人的情感。例如，吴昌硕临石鼓文、罗振玉临甲骨文、何绍基临汉碑等，他们虽然都是整篇地抄临，却是摸透了石鼓文、甲骨文、汉碑的笔意规律，不拘泥原来的形貌，而掺入了个人的笔墨情趣，更写出了自己的风格，因而也都成了后人学习的范本和楷模。但甲骨文要体现个体情趣较难，需要不断实验实践和逐步提高。要特别注意的是，不管是临帖、临作还是创作，最好都要在旁边注上释文，以给观者和学习者提供方便。

### 2. 创作

对甲骨文书法来说，所谓创作，就是利用工具书集句、集联或集诗，而进行甲骨文书法创作。这也并不需要临习告一段落才开始或进行，而是在有了一定的甲骨文基础知识、识读了一定的甲骨文字之后，就可以借助于工具书来着手进行集句、集联或集诗。

通常认为甲骨文字总数为4500字左右，已识字数约1500字，这实际上有很大的"水分"，姚孝遂等编制的《甲骨文字形总表》，收入的总字数只有3691字（包括部分合文），其中公认的已识字仅有1000字左右。其中，还有不少的字现在基本上已不使用了。所以，现在可用的字数还不到1000字。加上"或释""通假"，也不过1302字。用这样有限的字数来进行甲骨文书法创作，其难度是可想而知的。为了解决这一矛盾，前人在理论上和实践上都做了尝试，有的极为严格、严谨，有的则比较宽松自由。

另外，集句、集联或集诗，要从少到多，循序渐进。例如，认识了某一字后，先找出与之相应的词或词组，由词扩展到句，由句发展到联，最后到诗、词。这就要求不仅要熟悉现有的已识字，而且要有一定的古文字学修养。总之，学习甲骨文书法，我们缺乏直接面对甲骨文的条件，大多只能是从甲骨文工具书中学习特别是进行书法创作。

甲骨文通行于殷商晚期，前后约255年。由于时期年代不同，有的字形变化较多，笔画繁简不一，甚至一字多形，5个时期文字各具有不同风格和特点。我们取用其字，集成文，书写成书法作品，不再以文字作为实用占卜的工具，而是以创作出符合现代审美情趣的书法艺术作品为目的。这就需要根据不同个性和不同审美体验出发，在不同尺幅与形式和不同的文字内容下，有选择地集字和集联而进行书法创作。

（1）字数较少的作品，可选择笔画复杂的字或形象优美的结体，从而体现象形、会意的甲骨文笔画之间的形象与意态。

早期的甲骨文中象形字带有很浓厚的图画性质，仍然保留着大量比较写实的原始图像，例如，"马""鹿""鱼""虎"等字。后期的甲骨文字图画性质有所减弱，很多字仅有淡淡的图画意味。而象形和符号化这两种情况在甲骨文中极其普遍。我们在书法创作过程中是否也可以在原有象形文字基础上夸大象形，是否也可以借鉴图画文字呢？这样做当然可以，但要避免完全画成图画，从而失去文字的意义。

（2）字数较多的作品，则应根据字形大小、笔画简繁而有所变化，尽量做到既不破坏其章法，又使整体效果统一，有意识地挑选组合，使字形变化丰富而不失完美，从而又可以避免繁乱与呆板重复。

（3）由于甲骨文结体尚有不定型的特点，一个字有多种写法，多者达数十种，其偏旁位置既可互换又可增减，既可正写又可反写，同一字有时可多写几笔，也可少写几笔，自然造成繁简的变化。这种结构上的不规范性，虽增加了认字的难度，但对书法创作来说，却提供了某种创作的空间和方便。集字可根据作品形式与布局的需要，择其一而用之，使字形风格统一而又有变化。若因取其形美而破坏了整体效果，则当割爱另择他字以易之。为了章法和布局的需要，首先在不发生混淆的前提下，字形书写允许部位移易，即正反无别，正倒无别，正侧无别，上下无别，左右无别，同一字有多种写法，而且允许笔画和偏旁损益，更可以使用合文。

在甲骨文书法创作的章法上，后世一些章法的技巧都可用到甲骨文书法中。甲骨文的字形大小、方圆、长扁、欹侧相差很大，即使欲将其安排为"算子"之状也不甚容易。所以，在书写时只要能够抓住和体现章法上虚实相映、疏密得体、相互揖让、顾盼生姿的基本要求和本质特点，注意书写时的韵律和节奏，选择好字的大小繁简、工拙，随形布势，因势用形，辅以生动形象，自然就可使章法疏密停匀、高低错落有致，达到统一和谐的艺术效果。

（4）关于缺少文字如何补救。甲骨文现在公认的可识文字不过千字左右，加之殷商时是作为占卜的这一神秘特殊用途，很多字现已不用或很少用，今能集字成句、成诗的字可用者更少，因此，在集字创作过程中常常会碰到在甲骨文中无此字的困境，而前辈甲骨文书法家则常采用以下办法。

一是假借。

二是借用大篆中的字（因其形近），化圆笔为方笔并加以改造，使之归化于甲骨文的笔法与结字规律之中，以此使总体风貌能统一而协调。

三是借用甲骨文中原有的偏旁部首加以拼合。前辈甲骨文书法家碰见所缺之字常用此法，进行偏旁的重新组合，其前提是一定要熟悉甲骨文结字表意的特点，在不违背汉字结构原理的基础上进行，但是应当谨慎从事，尽量少拼凑，能不拼凑为最好，万不得已的情况下偶一为之可以，若拼凑过多，难免造成新的文字紊乱。

**图片授权**
中华图片库
北京全景视觉网络科技有限公司
林静文化摄影部